부의 시작!
수익형 부동산 투자

이 책의 출판권은 ㈜두드림미디어에 있습니다.
저작권법에 의해 보호받는 저작물이므로 무단 전재와 복제를 금합니다.

부의 시작!

투자 멘토가 들려주는
60문 60답으로 끝내는 현명한 투자법

서은영 지음

수익형 부동산 투자

두드림미디어

프롤로그

2025년 현재, 우리는 전례 없는 경제적 불확실성과 금융 시장의 변동성을 경험하고 있습니다. 지난 몇 년간의 경기 침체, 금리 변동, 그리고 인플레이션의 영향으로 많은 이들이 재정적 안정과 부의 축적 방법에 대해 고민하고 있습니다. 이러한 시기에 제가 《부의 시작! 수익형 부동산 투자》, 이 책을 통해 여러분과 만나게 되어 진심으로 기쁘게 생각합니다.

2006년 공인중개사 자격증을 취득한 이후 20여 년간 부동산 중개업에 몸담아오면서, 저는 수많은 고객의 투자를 도왔고, 직접 투자자로서의 경험도 쌓아왔습니다. 이 책은 복잡한 이론이나 다양한 트렌드를 분석하기보다는, 제가 현장에서 직접 겪은 실무 경험과 노하우를 바탕으로 집필했습니다. 특히 부동산 투자를 처음 시작하는 초보자들이 쉽게 이해하고 실천할 수 있는 내용에 중점을 두었습니다.

부동산은 오랫동안 부의 창출과 보존의 핵심 수단으로 인정받아 왔습니다. 특히 수익형 부동산은 단순한 자산 소유를 넘어 지속적인 현금 흐름을 창출하는 강력한 도구입니다. 현재의 경제 상황에서도, 기본기에 충실한 수익형 부동산 투자는 인플레이션에 대한 방어막이자 장기적인 자산 가치 상승의 기회를 제공합니다.

이는 단기적 수익보다는 장기적 관점에서 자산을 구축하고 관리하는 접근법을 요구합니다. 20여 년 동안 이 분야에서 활동하며 저는 한 가지를 확신할 수 있게 됐습니다. 복잡한 시장 분석보다는 기본에 충실한 투자가 결국 성공한다는 것입니다. 이 책이 어렵게만 느껴졌던 부동산 투자의 세계를 쉽고 명확하게 안내하는 이정표가 됐으면 합니다.

지혜로운 투자와 풍요로운 미래를 향한 여정에 행운이 함께하기를 진심으로 기원합니다.

서은영

차례

프롤로그 • 4

01. 수익형 부동산이란 무엇인가요? • 10
02. 오피스와 섹션오피스, 오피스텔의 차이점이 무엇인가요? • 15
03. 테마가 있는 오피스텔이란 어떤 오피스텔인가요? • 18
04. 상가주택, 다가구주택을 매입하려면 어떻게 해야 하나요? • 22
05. 아파트와 아파텔의 차이점이 무엇인지 궁금해요 • 26
06. 원룸형 오피스텔도 가격이 오를까요? • 30
07. 오피스텔이 주택 수에 포함되는 것 아닌가요? • 34
08. 오피스텔에 투자할 때 역세권이 아닌 것은 투자 가치가 없나요? • 37
09. 오피스텔을 분양받아서 일반 임대사업자를 낸다는 것이 무슨 뜻인가요? • 40
10. 임대 놓는 데 문제는 없을까요? • 42
11. 임대료는 얼마나 받을 수 있을까요? • 45
12. 직접 장사할 상가를 분양받았어요 • 48
13. 수익률 좋은 상가가 있나요? • 51
14. 공실 위험은 어떻게 해결할 수 있나요? • 54

15. 상가를 매입하려는데 임차 업종은 어떤 것이 좋을까요? • 57

16. 오래된 상가도 투자할 만한 물건인가요? • 60

17. 빌라나 아파트를 매입할 때 대지 지분을 따지는 이유는 뭔가요? • 63

18. 재건축에 투자한다면 주의할 점은 무엇이 있을까요? • 65

19. 지역조합주택 아파트는 왜 주의해야 하나요? • 67

20. '지산'이란 무엇인가요? • 72

21. 지산을 분양받을 때 염두에 둘 점이 무엇인가요? • 76

22. 지산 분양할 때 섹션오피스도 같이 분양하던데, 섹션오피스도 투자할 만한 물건인가요? • 80

23. 생활형 숙박시설(생숙)이 궁금해요 • 82

24. 드라이브인, 드라이빙 시스템은 어떤 시스템인가요? • 84

25. 반드시 도로에 접한 땅을 매입해야 하나요? • 86

26. 송전탑, 지상에 전선이 통과하는 토지는 어떤가요? • 89

27. 투자하고 싶은데 어디서부터 시작해야 할까요? • 92

28. 저도 투자를 할 수 있을까요? • 96

29. 부동산 투자는 엄두가 안 나요 • 100

30. 초보 투자자들이 알기 쉽게 각종 세금에 관해 설명해주세요 • 104

31. 현재 투자할 만한 부동산이 있나요? • 108

32. 향후 트렌드로 볼 때 수익성이 좋은 물건은 무엇으로 판단해야 할까요? • 111

33. 지금 투자한다면 무엇이 가장 좋을까요? • 114

34. 주변시세를 보는데도 방법이 있나요? • 119

35. 향후 입지 조건에 대한 설명 좀 해주세요 • 122

36. 여기 개발가능성은 있나요? • 125

37. 보증금 1,000만 원이 월세 10만 원꼴인가요? • 128

38. 기존에 있던 부동산을 팔고 다른 물건으로 갈아타는 게 맞는 건가요? • 131

39. 웬만한 것은 정리하고 '똘똘한 것 하나'만 두라는데 이게 무슨 뜻인가요? • 135

40. 평당 가격으로 계산하면 분양가격과 안 맞아요 • 141

41. 분양을 받거나 매입할 때 로열층이 아니면 포기하는 게 맞을까요? • 144

42. 공인중개사를 통해서 투자하는 것이 안전할까요? 길에서 전단도 많이 돌리던데요 • 147

43. 샀다가 언제쯤 팔아야 하나요? • 151

44. 분양받았다가 중간에 팔 수도 있는 것인가요? • 154

45. 사는 것과 분양받는 것, 어느 것이 더 투자하는 데 유리할까요? • 157

46. 갭 투자로 성공한 사람들도 많던데, 갭 투자는 묻지 마 투자로 생각해도 되는지요? • 160

47. 대출 비율을 따지는 이유가 궁금합니다 • 163

48. 중도금대출과 잔금대출의 차이점은 무엇인가요? • 165

49. 대출받아서 투자했다가 금리가 오르면 난리 나는 것 아닌가요? • 167

50. 융자 승계에 관해 설명해주세요 • 170

51. 수익률이 몇 %가 되어야 괜찮은 물건이라고 할 수 있나요? • 173

52. 전세, 월세가격 오르는 것과 집값 오르는 것이
    무슨 관계가 있나요? • 176

53. 부동산 정책 바뀌면 낭패 보는 것 아닌가요? • 179

54. 주택임대사업자 등록하는 게 더 나을까요? • 181

55. 제가 이 부동산을 산다면 총 얼마가 필요한가요? • 184

56. 수익률은 어떻게 계산하나요? • 187

57. 최소한 얼마가 있어야 투자를 시작할 수 있어요? • 190

58. 투자 금액 산정할 때 고려해야 하는 부분을 알려주세요 • 193

59. 적은 돈으로 성공적인 투자를 한 사례를 알려주세요 • 198

60. 공인중개사, 인생 최대의 성공 투자 • 201

01
수익형 부동산이란 무엇인가요?

우리가 부동산을 매입하는 이유는 두 가지다. 직접 사용하기 위해서든가, 투자하기 위해서다. 집을 사는 목적은 직접 거주하기 위한 것과 세를 놓아서 꾸준히 월세를 받거나 전세를 놓았다가 시세차익을 보려는 것으로 나뉜다. 상가도 마찬가지다. 내가 직접 장사하기 위해 매입하는 경우와 세를 놓아 임대수익을 얻으려는 목적이 있다. 이처럼 부동산 취득은 실수요 목적과 투자 목적으로 나뉜다.

투자 측면에서만 보자면, 꾸준한 임대수익을 목적으로 하는 수익형 부동산과 수익은 다소 미약하거나 없더라도 시간의 경과에 따른 차익을 기대하는 차익형 부동산으로 나눌 수 있다. 초보 투자자들은 시간의 경과에 따른 차익 실현이 무엇을 의미하는지 이해하기 어려울 수 있다.

부동산의 차익 실현에 대해 간단히 설명하자면, 사람의 생애주기와 비교할 수 있다. 사람의 생애주기는 유아기, 아동기, 사춘기, 청년기, 장년기, 노인기로 나뉜다. 신도시의 탄생을 사람의 생애주기에 비유하면 유아기로 볼 수 있는데, 유아기의 신도시가 청년기에 어떤 도시로 성장할지는 이전 단계들의 과정에 따라 달라진다.

출처 : https://creazilla.com

우리가 아이를 잘 키우기 위해 투자하고 좋은 환경을 만들어주는 것처럼 부동산인 신도시가 어떠한 방향성을 갖고 추진되는지, 향후 발전 계획은 어떤지 정보를 통해 알아가야 한다. 신도시가 잘 성장할 수 있는 여건을 갖추고 있는지 파악해야 하는 것이다. 유아기에 투자한 부동산이 가장 많은 소득을 얻을 수 있는 청년기에 잘 자랐다면 그만큼 차익 실현이 커질 것이고, 기대만큼 성장하지 못했다면 만족스럽지 못한 투자 상품이 될 것이다. 따라서 투자 분석을 통해 차익 실현을 이루는 것이 충분히 가능하다는 이야기다. 이후 장년기와 노년기 중 언제 매도해 차익을 실현할지도 본인이 판단해야 하는 문제다. 투자를 잘 모르는 사람들은 보통 청년기의 부동산을 매수하는 경우가 많다.

부동산의 생애주기는 내 부동산이 속한 인근 지역의 주기와 함께 하는데, '인근 지역의 생애주기'라고 표현한다. 이를 설명하자면, 부동산은 성장기와 성숙기, 쇠퇴기, 천이기, 악화기로 나뉜다.

① 성장기 : 노후 건물이 새 건물로 교체되어 지가 상승률이 가장 높은 시기.
② 성숙기 : 주민의 사회적, 경제적 수준이 가장 높은 시기. 부동산 가격과 지역 기능이 절정에 달해 지가 수준이 가장 높은 시기.
③ 쇠퇴기 : 건물이 점차 노후화되고, 지역 기능이 쇠퇴해 전반적 수요가 감소하는 시기. 소득 수준이 다른 계층으로 교체되어 재개발 등 개선을 위한 노력이 필요하며, 하향 여과[1]가 발생한다.
④ 천이기 : 고소득층이 떠나고 저소득층이 진입하면서 하향 여과 현상이 매우 활발한 시기.
⑤ 악화기 : 슬럼[2]화의 직전 단계.

---

[1] 주택의 여과 과정에는 고소득계층이 사용하던 주택이 저소득계층의 사용으로 전환되는 하향 여과가 있고, 저소득계층이 사용하던 주택이 수선이나 재개발 등으로 인해 고소득 계층의 사용으로 전환되는 상향 여과가 있다.
[2] 슬럼(slum)은 도시 내에서 저소득층이 밀집하고, 노후 불량 주택의 과밀 지역으로 채광·채열 등 주거 조건과 도로, 배수시설, 상하수도 등 주거 및 생활환경이 극히 불량한 지역을 말한다.

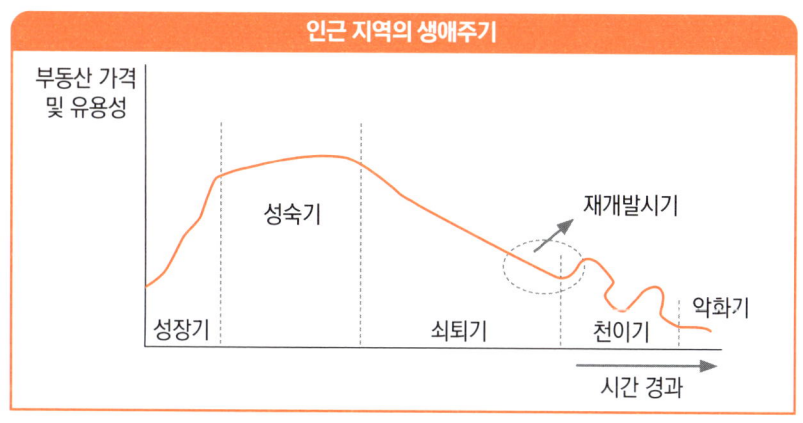

출처 : 박덕연, 《에듀윌 공인중개사 2주 끝장 부동산학개론》, pp. 283~285, 에듀윌

 다시 한번 강조하지만, 부동산과 사람의 생애주기는 같은 흐름을 보인다. 부동산의 성장기는 사람의 유아기, 부동산의 성숙기는 사람의 청년기와 중년기, 부동산의 쇠퇴기는 사람의 장년기, 부동산의 천이기와 악화기를 사람의 노년기와 비교할 수 있다. 사람의 소득이 증가하고 소득이 최대가 되는 시기와 부동산의 가격 상승률이 높아지고 가격이 최

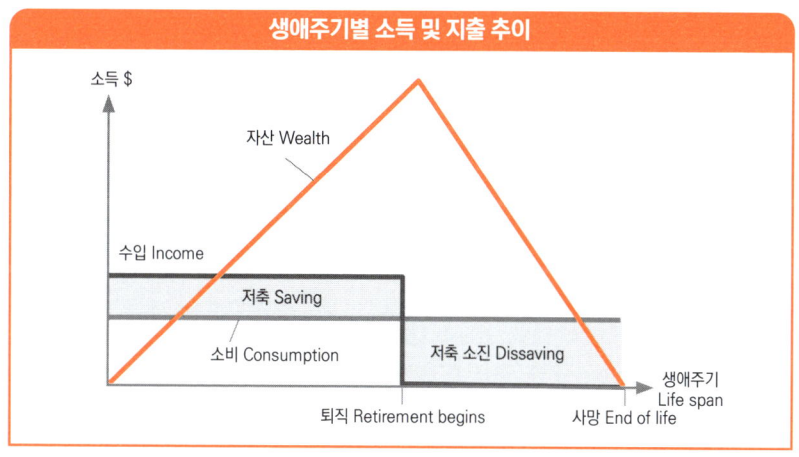

출처 : 필자 제공

대가 되는 시기를 비교해보면 이해하기 쉽다. 그래서 신도시가 만들어질 때 얼마나 발전된 신도시가 될 수 있을지를 가늠하는 투자 포인트는 사람이 청년기와 중년기에 얼마나 많은 소득을 창출할 수 있는 어른으로 성장할지를 보는 것과 비슷하다.

다시 수익형 부동산으로 돌아가서 수익형 부동산은 꾸준하고 안정적인 임대수익을 목적으로 한다. 수익형 부동산을 고를 때는 임대수익이 얼마나 장기적이고, 안정적일 수 있는지를 살피면 된다.

대표적인 수익형 부동산은 상가, 오피스텔, 아파트, 지식산업센터(이하 지산), 공장, 오피스, 생활형 숙박시설(이하 생숙), 분양형 호텔 등이며, 꾸준한 임대수익을 기대할 수 있는 부동산은 모두 수익형 부동산이라고 할 수 있다.

오피스와 섹션오피스, 오피스텔의 차이점이 무엇인가요?

    오피스텔이란 업무를 주로 하면서 일부 공간에서 숙식을 할 수 있도록 한 건축물이며, 섹션오피스는 공간을 나누어 거래할 수 있도록 한 오피스의 한 종류다. 일반적으로는 오피스 빌딩은 건물이 통째로 거래되는데, 섹션오피스는 공간을 나누어 거래되는 만큼 투자 비용이 적어 일반 오피스 빌딩에 비해 투자가 용이하다. 섹션오피스는 업무용이므로 오피스텔에는 설치된 화장실, 주방 등이 없어 오피스텔보다 공간 활용도가 높다. 또한 업무용으로 임대되어 오피스텔보다 수익성이 더 높을 수 있고, 임대도 상대적으로 수월한 편이다.

출처 : https://pixabay.com

지산을 분양할 때 섹션오피스를 함께 분양하곤 한다. 섹션오피스는 지산보다 대부분 규모가 작아서 분양가격이 저렴하다 보니 소액 투자자들에게서 이런 질문을 많이 받았다.

"이 물건 분양받아도 괜찮을까요?"

일단 섹션오피스는 지산과는 달리 대출 비율이 낮고, 세금혜택도 없을 수 있으니 반드시 한 번 더 체크해보자. 그럼에도 불구하고 투자 가치가 있다고 판단된다면 다음 단계를 체크해보자.

먼저 임대나 매매 수요가 따를 수 있는 지역인가를 파악해야 한다. 보통은 지산을 사용하는 업체들이 별도의 사무실이 필요해 섹션오피스를 사용하는 경우가 많으므로 이러한 수요와 주변 업체나 개인이 필요로 하는 사무실 수요가 있는지를 확인해야 한다. 섹션오피스의 임대수요는 사무실 이용이 목적이다. 그래서 업무를 위해 대외적으로 업체를 알려야 하는 홍보물(명함 등)에 사무실 주소를 기재한다. 사무실 위치의 대외적 인지도 때문에 한번 입점한 사무실은 쉽게 이전하지는 않는다. 그러나 사무실의 인테리어 특성상 시설비 등의 부담이 없어 의외로 쉽게 이전하는 경우도 있다는 점을 고려해야 한다. 오피스는 주택 수 산정과 무관하다는 점도 참고하자.

출처 : 고양원흥한일원스타.urr.kr

위의 조감도는 경기도 고양시 덕양구 원흥동에 분양했던 지산으로, 섹션오피스와 함께 분양했던 사례다. 지산과 섹션오피스를 한 건물에 지어 분양하는 것이 일반적이다.

03
테마가 있는 오피스텔이란 어떤 오피스텔인가요?

　오피스텔의 공급은 꾸준하다. 그래서 기존 오피스텔과 차별화하기 위해 테마가 있는 오피스텔로 분양하는 것을 종종 볼 수 있다. 이는 특정 수요층을 겨냥한 것으로, 목표 수요층이 확실해 좋은 투자가 될 수 있다.

　시화 거북섬의 경우 아쿠아 펫랜드와 아쿠아테마공원, 해양생태 과학관 등을 조성하고 그 가운데 상가와 오피스텔을 공급했다. 관상어 산업의 경쟁력을 키우고, 일자리를 창출하는 등 지역경제 활성화를 위해 관련 상업유통부지를 조성한 것이다. 이는 오피스텔 자체를 테마 오피스텔로 공급한 것은 아니지만, 지역을 활성화함으로써 관련 종사자들을 겨냥해 공급한 사례다.

출처 : 시화호지속가능파트너십(https://sihwalake.or.kr)

　테마가 있는 대표적인 오피스텔이 펫오피스텔이다. 반려동물과 함께하는 1~2인 가정이 점차 늘어남에 따라 반려동물을 위한 시설을 갖춘 펫오피스텔이 인기를 끌었다. 이유는 단순하다. 수요가 많을 것으로 기대되기 때문이다. 반려동물의 소음으로 인한 분쟁, 기본시설물의 훼손(벽지나 바닥 스크래치, 몰딩 훼손 등)으로 인한 시비, 심하게는 반려동물의 냄새로 인해 분쟁이 발생하는 경우가 있어 임대인들은 반려동물과 함께하는 임차인을 꺼리는 추세다. 반려동물은 말 그대로 가족의 일원인데, 반려동물 때문에 집을 구하기 어려운 마음의 상처와 불편함을 호소하기도 한다. 이러한 상황에서 반려동물을 위한 시설이 갖춰져 편리하게 생활할 수 있는 집이 있다면 당연히 수요자는 증가할 것이다.

출처: 원흥 수아주위드펫.ljs.kr

출처: 원흥 수아주위드펫.ljs.kr

　　고양 원흥의 펫오피스텔 분양 사례를 보면, 펫 운동장을 두었고 셀프 펫 워시존도 갖추었으며, 건물 출입구에는 세족 시설을 둬서 반려동물과의 외출을 용이하게 했다. 또한 배변 처리기를 설치하고, 반려동물들의 움직임을 고려한 미끄럼 방지 바닥재와 두껍게 몰딩 처리를 해서 마킹, 긁음으로 인한 훼손 방지를 위한 벽을 시공하기도 했다. 이 외에도 전열교환식 환기시스템과 소음 방지를 위한 중문 시공, 빌트인 애견하우스 등 반려동물을 위한 시설을 갖춰 분양을 모두 마쳤다. 주상 복합 형태인 오피스텔의 상가에는 펫 관련 병원, 호텔, 유치원, 미용실 등도 입주했다. 또 다른 수익형 부동산으로 눈여겨볼 만한 상품이 됐다.

상가주택, 다가구주택을 매입하려면 어떻게 해야 하나요?

아파트에 거주하면서 매달 이자를 내며 월세 아닌 월세살이를 하는 사람들이 대다수다. 이러한 분들 중에는 "왜 이렇게 살아야 하나?"라며 신세 한탄을 하면서 필자에게 자주 상담을 요청했다.

요즘 깨어 있는 사람들은 상가주택이나 다가구주택과 같은 꼬마빌딩에 관심을 두기 시작했다. 이런 사람들은 '어차피 은행 빚을 얻어 내가 살 집을 사야 하는데, 가능하다면 상가주택과 같은 수익형 주택에서 살며 약간의 수익도 얻으면 어떨까?' 하는 생각에서 출발한다. 대표적인 꼬마빌딩은 상가주택과 다가구주택이라고 할 수 있다. 상가주택은 1층 또는 1~2층이 상가이고, 2~4층 또는 3~4층은 주택으로 사용할 수 있도록 지어진 점포겸용주택이다. 다가구주택은 여러 가구를 만들어 임대를 놓거나 직접 사용할 수 있도록 지어진 주택이다.

상가주택, 다가구주택은 모두 소유자가 한 명이고, 호실별로 등기할 수 없는 단독주택이다.

출처 : 필자 제공

상가주택 거래 시에 유의할 부분은 세금과 부가세다. 한 건물에 상가와 주택 비율에 따라 세금이 달라지므로 반드시 세무사 사무소에 확인 후 거래해야 한다. 부가세는 건물분에 대해서만 부가세가 부과된다. 매매 시 부가세 포괄양도양수가 아닐 경우 매도인에게 건물분에 대한 10%의 부가세가 부과될 수 있다.

복잡한 것 같지만, 상가주택과 다가구주택의 매력은 1주택을 보유하면서도 여러 개의 수익형 부동산을 보유할 수 있다는 것이다.

은행에서는 상가주택과 다가구주택의 주택담보대출을 까다롭게 평가한다. 아파트와 같이 획일적으로 주택담보대출 몇 %로 정해진 게 아니라 임차인들의 임대 내역을 일일이 조사해 평가한다. 은행은 임차인들의 후순위로 대출을 실행하려 하지 않는다. 따라서 매수 시에 최초 건물 준공단계에서 선순위로 설정된 근저당을 승계받는 방법을 이용해야지, 기존 임차인들이 입주해 있는 상태에서는 새로운 대출을 일으키기는 어렵다. 그러니 실투자 금액을 산정한 후 투자 여건에 맞는 건물을 답사해야 한다. 건물의 외관이 마음에 들었다면 호실 모두를 현장답사 하면 좋겠지만, 답사가 불가능하다면(보통은 임차인이 거주하고 있으므로) 주인 세대 정도는 직접 답사하고 결정해야 한다. 외관, 자재, 구조 등이 마음에 들어 결정 단계에 이르면 반드시 하자 문제를 체크해야 한다. 건물의 중대한 하자는 매도인의 담보 책임의 규정을 들어 AS를 요구할 수는 있지만, 수고스럽고 마음고생이 따를 수도 있기 때문이다.

출처 : 필자 제공

그래서 필자는 물건 소재지가 속한 구역의 오래된 부동산 중개사무소와 거래할 것을 권유한다. 이유는 상가주택이나 다가구주택은 구역

내 부동산 중개사무소가 임대 물건을 수시로 거래하기 때문에 해당 건물의 하자 여부를 이미 알고 있을 가능성이 크다. 또한 하자가 있다면 구체적으로 어떤 하자가 있는지와 하자가 있었다면 수리가 완벽하게 됐는지 정도는 정확히 알고 있을 가능성이 크기 때문이다. 혹시 물건 소개를 다른 지역의 부동산 중개사무소에서 받았다면, 계약금 입금 전에 반드시 물건지 주변의 부동산 중개사무소를 탐문해 앞의 내용들을 확인하길 권한다.

아파트와 아파텔의
차이점이 무엇인지 궁금해요

아파텔은 주거용 오피스텔로 건축 허가를 받아 주거 목적으로 사용할 수 있는 부동산의 한 형태로, 주거 안정에 기여하고 있다. 한마디로 아파텔은 주거용 오피스텔이다. 아파텔은 아파트의 어려운 청약 당첨율과 가격에 비해 조건이 비교적 자유로워 내 집 마련 기회에 더 가까워질 수 있다는 면에서 관심을 받고 있다.

아파텔은 일반 오피스텔과 달리 단지를 조성한다. 녹지 공간과 놀이터, 커뮤니티시설 등을 갖추고, 주상복합의 형태로 조성해 젊은 수요층에게 생활의 편리함을 더한다. 다만, 아파텔의 단점은 아파트보다 전용률이 낮다는 점이다. 아파트와 같은 평수라고 해도 실사용 면적이 작고 관리비는 더 비싸다.

아파텔을 수익형 부동산으로 접근해보면, 아파트보다 대출 비율이 높아 실투자금이 적다. 따라서 대출이라는 레버리지 효과를 이용해 수익률을 높일 수도 있다. 또한 실투자금이 적으니 투자금 대비 양도 후 얻는 자본이득[3]을 더 많이 얻을 수 있다..

다음은 취득세 비교표다. 아파트는 가격별 복잡한 세율과 보유가구 수 2주택 이상의 중과 및 지방교육세와 농어촌특별세까지 더해져 취득세가 만만치 않다. 하지만 아파텔은 업무시설의 적용을 받아 무조건 4.6%(지방교육세, 농어촌특별세 포함)의 단일세율이 적용되어 취득세 측면에서도 훨씬 부담이 없다.

다만, 취득 시기별로 주택 수 포함 여부에 따라 취득세 중과 적용을 받을 수 있다는 점은 주의해야 한다. 2020년 8월 12일 이후 취득하는 아파텔(오피스텔)의 경우 해당 물건을 취득한 이후에 취득하는 주택에 대해서 취득세 중과 대상이 된다.

시기별 보유 주택 수에 따른 취득세 중과 대상 여부

기존 1주택 보유	→ 2020년 8월 11일 이전 아파텔 취득 (중과 대상 아님)	→ 주택 취득 (취득세 2주택 중과 대상 아님)

---

[3] 증권, 선물계약و 옵션 등을 포함한 자본자산의 거래를 통한 매입가격과 매각가격의 차이에 의한 시세차익을 말하며, 배당이나 이자소득 등과 구분된다. 장기자본이득은 6개월 이상 보유함으로써 실현된다(출처 : 네이버 지식백과, 한경 경제 용어사전).

기존 1주택 보유	→ 2020년 8월 12일 이후 아파텔 취득 (중과 대상 아님)	→ 주택 취득 (취득세 3주택 중과 대상)

출처 : 필자 제공

주택분 취득세[4]
〈표준세율〉

과세표준		취득세	지방교육세	농어촌특별세
6억 원 이하		1.0%	0.1%	전용면적 85㎡ 초과 시 0.2% 과세 (85㎡ 이하 0.0%)
6억 원 초과 9억 원 이하	6.5억 원	1.33%	0.1~0.3%	
	7억 원	1.67%		
	7.5억 원	2.0%		
	8억 원	2.33%		
	8.5억 원	2.67%		
	9억 원	3.0%		
9억 원 초과		3.0%	0.3%	
원시취득(신축), 상속*		2.8%	0.16%	0.2%
무상취득(증여)		3.5%	0.3%	0.2%

* 무주택 가구가 주택을 상속받은 경우에는 0.8% 세율 적용

---

4) 국세청 행정안전부, 《2021 주택과 세금》

취득세 중과 완화

지역	1주택	2주택	3주택
조정대상지역	1~3%	8%	12%
비조정대상지역		1~3%	8%

※ 조정대상지역은 현재 서울의 강남, 서초, 송파, 용산뿐이다.

오피스텔 취득세

취득시기	분양, 매입 시 취득세	지방교육세	농어촌특별세	3주택 해당 시
2020년 8월 11일 이전	4%	0.4%	0.2%	취득세 중과 배제
2020년 8월 12일 이후				취득세 중과 적용

※ 2020년 8월 12일 이후 취득한 오피스텔은 오피스텔 취득 이후 취득한 주택에 대해 3주택에 해당될 경우만 취득세 중과 대상이다.

※ 공시가격 1억 원 이하의 소형 주택은 주택 수에는 포함되지만, 취득세와 양도소득세에서는 중과되지 않는다.

06
원룸형 오피스텔도 가격이 오를까요?

결론부터 말하자면, 원룸형 오피스텔도 오른다. 그렇다면 무슨 근거로 원룸형 오피스텔도 오른다고 할까? 모든 부동산에 적용되는 근거이지만, 전월세가격은 오르고, 전월세가격이 오르면 매매가격도 오른다.

단층형 원룸 오피스텔

출처 : 필자 제공

예를 들어 오피스텔을 2억 원에 사서 1억 5,000만 원에 전세를 놓았다고 하자. 그런데 전세가격이 2억 원까지 오른다면 매매가격이 과연 그대로 2억 원일까? 매입 당시의 마음은 2억 5,000만 원까지만 오르면 팔자고 마음먹었더라도 부동산 중개사무소에서 2억 5,000만 원에 팔라고 연락이 온다면, 처음 마음먹은 대로 2억 5,000만 원에 팔 수 있을까? 아마도 다시 생각하게 될 것이다. 2억 8,000만 원이나 3억 원은 받을 것이라고 믿으면서.

물론 생각이 바뀌지 않아 계획했던 대로 2억 5,000만 원에 판다고 해도 어쨌든 가격은 오를 수 있다는 것이다. 원룸형 오피스텔만이 가지고 있는 매력도 있다. 일단 소액 투자가 가능해 초보 투자자에게 권할 만한 물건이다. 또한 대출을 안고 월세로 임대를 놓는다면, 높은 수익은 아니어도 수익형 부동산으로 손색 없다.

또한 같은 원룸형 오피스텔이라고 해도 복층형 원룸 오피스텔이 인기가 더 많다. 복층 면적은 서비스 면적이기 때문에 같은 면적이라도

출처 : 필자 제공

공간 활용도가 높다. 원룸 거주자들은 대부분 복층을 침실 전용 공간으로 사용해 아래층 공간을 훨씬 여유롭게 사용하기 때문이다. 그래서 임대료도 단층형 원룸 오피스텔보다 복층형이 조금 더 높다.

미닫이문 등으로 방과 주방을 분리해놓은 분리형 원룸 오피스텔은 복층형 오피스텔처럼 수직형 분리를 불편해하는 임차인들이 선호한다. 분리형 오피스텔은 일반 원룸형 오피스텔에 비해 보통은 평수가 넓은데, 분리까지 되어 심리적인 공간활용도가 높다. 분리형은 실질적인 평당 가격을 지불한다는 점에서 복층형보다는 투자 매력은 떨어진다. 원룸형 오피스텔의 수요자는 대부분 직장인이거나 학생들이다. 풀옵션(에어컨, 가스렌지, 냉장고, 세탁기 등)이라는 장점 때문에 이사도 간단하고, 살림살이를 구비해야 하는 부담도 적다.

출처 : 필자 제공

그래서 수요자들의 특성을 고려해 원룸형 오피스텔은 특히나 역세권에 위치하기를 강조한다. 그러나 예외도 있다. 원룸형 오피스텔이 위치한 곳 주변에 일자리가 많다면 그곳 종사자들을 수요자로 볼 수 있으므로, 이러한 경우에는 반드시 역세권에 위치하지 않아도 괜찮다.

오피스텔이 주택 수에 포함되는 것 아닌가요?

 오피스텔의 한 종류인 아파텔은 아파트 주거 수요층을 감당하기 위해 새로운 이름으로 주거용 오피스텔의 역할을 수행하고 있다. 그런데 여기서 '주거용 오피스텔'이라는 용어는 왜 나왔을까? 주거용 아파트, 주거용 연립이라는 용어가 없는데 말이다. 오피스텔은 건축법상 업무

주거 기능을 겸한 오피스텔 내부

출처: https://pixabay.com

시설로 분류되어 있는 사무실과 주거의 기능을 겸한 건물이라고 되어 있다(출처 : 한국민족문화대백과).

우리나라의 오피스텔은 1980년대 중반에 서울 마포에서 공급이 시작됐다. 1995년에 온돌방, 욕실, 싱크대 설치가 가능하도록 건축법이 개정되면서 오피스텔 수요는 급증했다. 우리나라는 오피스텔을 주거용으로 이용하는 경우가 많아 업무시설이라는 것을 간과하기 쉬운데, 엄연히 오피스텔은 업무시설로 분류되어 있다. 그래서 주거용으로 분류가 되느냐, 안 되느냐에 관한 문제가 따라오는 것이다.

2020년 8월 11일 이전에 취득한 오피스텔은 주택 수에 포함되지 않았지만, 그 이후에 취득한 오피스텔은 주거용 주택 수에 포함됐다. 물론 업무용으로 취득한 오피스텔은 포함되지 않는다. 이는 부동산 정책

출처 : DL이앤씨, https://www.elife.co.kr

의 일환으로 정권이 교체되면서 부동산 시장의 활성화를 위해 다시 바뀌었다.

2024년 1월 10일부터 2027년 12월까지 사용승인을 받은 거주용 오피스텔은(60m² 이하의 소규모 신축 주택을 최초 구입 시, 가격조건은 수도권은 6억 원 이하, 지방은 3억 원 이하일 때) 주택 수에서 제외된다. 여기서 신축 주택 최초 구입이란 분양을 의미한다. 매매의 경우는 해당되지 않는다. 유의할 점은 보유 수에서는 제외된다고 해도 1가구 1주택자가 받을 수 있는 비과세 혜택은 사라진다는 것이다(1가구 1주택 비과세 특례 혜택 : 2년 이상 보유나 거주(취득 당시 조정지역의 경우) 시, 실거래가 12억 원까지 비과세, 12억 초과분만 과세).

수시로 바뀌는 부동산 정책에 앞으로 눈과 귀를 열고 집중해야 한다.

오피스텔에 투자할 때 역세권이 아닌 것은 투자 가치가 없나요?

주거용 대형 오피스텔 단지가 많이 공급되고 그만큼 오피스텔의 영역이 커지면서 과거의 소규모 투자처라는 이미지와는 거리가 멀어지고 있다. 어떤 부동산이든 역세권 안에 입지해서 나쁠 이유는 없다. 그러나 '오피스텔에 투자할 때 역세권이 아닌 것은 투자 가치가 없나요?'와 같은 질문을 한 이유는 주 수요자가 직장인들이거나 학생들이기 때문일 것이다.

매일 대중교통을 이용해 출퇴근해야 하는 직장인이나 학생들의 경우는 반드시 역세권이어야만 하는 경우가 많다. 그래서 역세권에 위치한 오피스텔은 그렇지 않은 오피스텔에 비해 월세가 5만 원에서, 많게는 10만 원까지 높은 것을 흔히 볼 수 있다. 따라서 역세권이 아닌 오피스텔은 역세권 오피스텔에 비해 투자 가치가 떨어진다. 그러나 주의해야

출처 : 금호건설

할 점은 투자 가치가 떨어지는 것과 투자 가치가 없는 것과는 다르다.

수요만 있다면 역세권이 아니어도 상관없다. 예를 들어 산업단지가 조성될 계획이 있다면, 주변에는 이미 오피스텔을 분양하기 시작한다. 수요가 있기 때문이다. 오피스텔 자체에서 셔틀을 운영하기도 하고, 혼밥족을 위한 조식 배달서비스를 제공하는 등 오피스텔 입주민을 위한 다양한 관리계획을 선보이면서 말이다. 실수요자는 물론, 소규모 투자자들이 분양받는다.

이 부분에서 신중해야 할 점은 산업단지가 통째로 옮겨지는 경우가 극히 드물지만 있을 수 있으며, 믿고 있던 수요가 사라지는 경우가 생길 수 있다는 것이다. 규모가 작은 단지 조성은 용도 변경으로 계획이 무산되는 경우도 있고, 수요자가 몰릴 만한 오피스텔과 상업시설이 발달된 별도의 단지가 새로 조성될 수도 있다. 수요가 완전히 사라지는 것은 아니더라도 예상했던 수요에 못 미칠 수 있다.

　항상 정보에 예의 주시해야 하며, 어느 정도 계획대로 주변이 조성되면 매매를 통해 현금화하는 것도 생각해볼 일이다.

오피스텔을 분양받아서 일반 임대사업자를 낸다는 것이 무슨 뜻인가요?

오피스텔을 분양받을 때는 용도가 정해져 있는 상태가 아니기 때문에 처음에는 업무용으로 취급된다. 기본적으로는 업무용이었다가 주거용으로 신고했을 때 주거용으로 바뀐다. 참고로 용도를 주거용으로 보는 데는 공부상의 용도나 사업자등록 여부와는 상관없이 전입신고와 주거시설의 여부, 사실상의 용도 등 여러 가지 요소들에 의해서 판단된다.

오피스텔을 분양받으면 불입 과정이 계약금 1~2회 납입, 중도금은 보통 5~6회로 나누어 낸다. 나머지 잔금을 지급하면서 등기를 마치고 소유자가 된다. 이때 계약금과 중도금, 잔금을 나누어 낼 때마다 납입한 금액 중에서 건물분에 해당하는 불입금의 부가세를 환급받는다.

출처: https://pixabay.com

　오피스텔 건물분에는 부가가치세가 포함되어 있다. 건물 가치가 차지하는 비중은 전체 분양가격의 약 50~70% 정도 된다. 분양을 받은 사람은 건물분에 해당하는 금액에서 부가세 10%를 환급받는 것이다.

　부가가치세를 환급받기 위해서는 임대사업자로 등록해야 하고, 일반과세자로 사업자등록을 해야 한다. 부가가치세를 환급받는다는 것은 해당 물건을 사업용으로 쓰겠다는 의미다. 그래서 사업용으로 쓰지 않으면 환급받은 부가가치세를 모두 반환해야 한다.

　사업용으로 쓰기 위해서 해당 오피스텔을 주택으로 쓰지 않아야 하니 임대를 놓을 때 전입신고도 안 되고, 월세의 10%도 부가세로 별도로 받아야 한다. 사업용으로 사용하면서 환급받은 부가세를 반환하지 않을 수 있는 기간은 10년이다. 즉, 부가세를 환급받았다면 10년 동안은 오피스텔을 사업용으로 사용해야 한다. 사업용으로 사용하는 경우에는 부가가치세와 소득세 납세의무가 발생한다(자세한 내용은 세무사와 상의해보시기를 권한다).

10
임대 놓는 데 문제는 없을까요?

상가나 오피스텔 등 분양을 받거나 현재 임대가 맞춰진 것을 매입한다고 해도 임대에 대한 염려가 따르는 것은 당연하다. 수익형 부동산을 매입해도 현 임차인이 퇴거하게 되면 추후의 임대가 문제되기 때문이다. 임대 문제의 해결점은 내가 선택하고자 하는 부동산의 주변 환경을

출처 : https://pixabay.com

분석하는 것에서 출발한다.

　분양을 받는 경우 분양가격 대비 받을 수 있는 월세를 계산해서 수익을 분석해야 한다. 다음으로 시장성을 파악해 조건에 맞는 임대가 가능한지 봐야 한다. 예를 들어 지산을 매입하거나 분양받는 경우에는 사무실이나 창고, 공장으로 수요가 있을 만한 곳인지를 파악하고, 임대료를 적정하게 받을 수 있는지 분석해야 한다. 그래도 오피스텔이나 지산, 아파트의 경우는 전반적인 시장 분석만으로 가능하지만, 상가는 더 구체적인 시장 분석이 필요하다. 상가는 골목 하나 차이에도 임대가격과 수요의 차이가 있기 때문이다. 상가를 이용하는 사람들은 대부분 다니던 길로만 다닌다는 특징이 있어서 유동인구의 동선 파악이 중요하다. 시장의 큰 변화가 없는 한 이는 잘 변하지 않는다. 이를 위해 별도로 시간을 내어 현장에 머물러 보거나, 주변에 문의를 해보는 것이 좋다. 생각하고 있는 물건의 바로 옆 골목에 유동인구가 많고, 임대료도 적정수준이라고 해서 내가 생각한 물건도 같은 조건일 것으로 기대해서는 안 된다.

　아파트의 수요자는 대부분 가족 단위이므로 주변의 인프라를 파악할 때 학교, 도서관, 병원 등이 잘 갖춰져 있는지를 봐야 하며, 지산은 이 지역에 사무실과 창고, 공장 등의 사업체가 들어올 만한 위치인지를 파악해야 한다. 또한 오피스텔은 원룸형일 경우 1인 가구의 수요가 있을 만한 곳인지, 출퇴근이 편리한 위치인지, 그보다 좀 더 사이즈가 큰 오피스텔은 신혼부부나 핵가족이 생활하기 편리한 위치와 구조인지를 파악해야 한다.

그중 상가는 수익이 가장 잘 발생할 수 있는 부동산의 하나지만, 잘못 선택하는 경우 크게 낭패를 볼 수 있는 물건이라는 점을 강조하고 싶다.

11 임대료는 얼마나 받을 수 있을까요?

 내가 선택한 부동산이 얼마에 임대 될지 예상하기는 막연하다. 필자도 상가 투자에 실패해본 적 있다. 분양 당시에는 누가 봐도 시장성이 좋다고 평가된 위치였기에 여력이 됐던 투자자들은 2~3개씩 분양을 받을 정도였다. 그러나 임대에 문제가 생겼다. 규모가 비교적 큰 업종은 구분상가 소유자들 각각의 임대조건을 맞춰야 했는데, 이 작업이 원활하지 못했다(흔히 몇 칸을 터서 쓴다고 표현한다). 그래서 임차를 원했던 규모가 큰(브랜드 포함) 업종들은 조건을 맞출 수 있는 근처의 상가들로 입점하게 됐다. 이 상가는 조각조각 임대가 됐고, 공실이 속출하는 상황이 발생하면서 계획에 차질이 생겼다. 이는 나에게 큰 경험이 됐다.
 일단 아파트나 오피스텔은 큰 변동사항이 없는 한 분양가격 대비 임대료 책정이 가능하다. 임대가 급하지 않은 임대인은 새 집을 좋아하는 임차인들을 대상으로 자신이 책정한 임대료를 감당할 수 있는 임차인이 나타나면 임대를 놓는다.

또한 지산의 경우는 시설이 좀 낡았더라도 안정적인 임대가 가능하다. 엘리베이터 활용도나 주차 가능 여부, 차로 화물운송이 가능한지, 드라이빙과 드라이브인 시스템의 사용 여부 등 시스템이 내 업무 활동에 맞는다면, 굳이 새것을 선택하면서까지 높은 임대료를 감당하려 하지 않는다. 그래서 새로 입주하는 지산의 임대료는 들쭉날쭉하기도 한다.

문제는 상가의 임대료 책정이다. 상가는 분양가격에 대비해서 임대료가 책정되기 어렵다. 앞서 말했듯이 상가 위치와 주변 상권의 임대료를 파악해야 한다. 이미 형성된 상권이 옮겨가는 것은 쉽지 않기 때문이다.

그러나 예외도 있다. 대형 상권이 형성된 경우의 예를 들어 보면, 고양시 일산의 로데오 거리(라페스타)는 일산의 중심 상권이었다. 주변에 백화점과 관공서, 문화예술센터를 비롯해 역세권에 위치했고, 호수공원과도 가까워 항상 사람들이 가득했다. 상권은 의류, 먹거리, 술집, 오락 시설 등 다른 상권에서도 볼 수 있는 품목으로 가득하기도 했지만, 버스킹 공연과 같은 문화거리 조성은 유동인구를 만들고 상권을 형성하는 데 큰 몫을 차지하기도 했다. 이 상권이 무너지기 시작한 것은 바로 옆에 웨스턴 돔이라는 비슷한 상권이 만들어지면서다. 웨스턴 돔 쪽으로 상권이 완전히 넘어갔던 것은 아니었지만, 타격을 입을 만큼 상권이 분리됐다. 그 이후에도 일산에는 원마운트 상가 거리와 가로수길 등이 생기면서 일산의 상권은 중심을 잃고 분산됐다. 당연히 일산 로데오 거리와 같은 상권을 기대했던 사람들의 상가 투자는 실패로 돌아갔다.

출처 : 필자 제공

　기존 상권의 주변에 상가를 새로 분양받는 경우에는 체크해볼 것이 있다. 기존 상권에 부족한 업종이 무엇이며, 업종이 있다면 그 업종이 내 상가에 입점 가능할지와 입점이 가능하다면 임대료가 분양가격에 합당한지를 생각해야 한다. 예를 들어 웬만한 것은 다 있는 것처럼 보이는 병원 밀집 지역에 없는 진료과목이 무엇인지, 술집마다 사람들이 늘 차는 거리에 술집이 더 생긴다고 해도 시너지 효과를 낼 수 있을지, 그리고 기존에 자리 잡은 술집 종류 외에 입점 가능한 다른 종류의 술집이 더 있을 수 있을지 등을 파악해야 한다. 이것이 가능하다면 기대하는 임대가격에 부합할 수 있는지를 살펴봐야 한다. 자세히 분석해도 상가라는 부동산은 변수가 많다. 필자가 상가 투자에 실패한 것도 이러한 이유에서일 것이다.

12 직접 장사할 상가를 분양받았어요

 직접 영업할 상가를 매입한다는 것은 웬만한 수익형 부동산에 투자하는 것보다 현명한 방법이라고 생각한다. 영업으로 얻은 소득은 내 소득의 대부분일 것이다. 그런데 영업이 잘될수록 그만큼 월 차임을 부담해야 하는 상황이 생긴다. 임대인은 장사가 잘되면 임대료를 올릴 가능성이 높다. 그만큼 운영비용이 늘어난다면 말 그대로 앞으로 남고 뒤로 밑지는 상황이 될 수 있다. 내 영업장은 임차로 얻고 투자 상품을 따로 준비하는 것보다는 내 영업장을 자가로 마련해 열심히 장사를 해서 권리금을 받을 수 있는 자리로 만드는 것이 좋다. 자금의 여유만 된다면 말이다.
 자가 영업장을 갖게 되면 임대료 부담이 줄어들 뿐 아니라 자리 잡는 데 더할 나위 없이 좋다. 장사는 자리에 대한 고객들의 인식이 중요하다. '아! 거기 가면 그거 파는 집이 있어'라는 인식을 심어주는 것이다. 부득이하게 임차하는 것을 반대하는 것은 절대 아니지만, 혼신을 다해 장사를 해서 자리를 잡아놓고도 여러 가지 문제로 자리를 옮겨야 하는 상황이 발생할 수 있으므로 가능하다면 내 영업장을 소유해 그곳에서 터 잡기를 바라는 것이다. 수입이 안정적인 수준에 오르면 그만큼 다른 투자도 시작할 수 있어 직접 장사할 수 있는 상가를 자가로 만드는 것을 적극 권한다. 이는 아주 좋은 투자의 시작이라고 생각한다.

출처 : 필자 제공

내가 임차한 상가의 가치가 올라갈수록 임대료는 당연히 오른다. 물론 상가임대차보호법에 의해 특별한 사유가 없는 한 10년 동안 보장을 받지만, 10년도 정말이지 금방이다. 어쩌면 열심히 일하고 운이 따른 덕에 장사 잘되는 자리가 되면 비싸게 재계약하거나 조건이 안 맞는 경우에는 영업장을 옮겨야 하는 상황이 발생하기도 한다.

하지만 내 소유의 영업장이었다면 어땠을까? 내 상가의 가치는 그만큼 오르고 장사도 안정적으로 자리를 잡을 수 있을 것이다. 내 상가의 가치가 올라 수익이 발생하고, 더 비싸지는 임대료를 감당하지 않아도 되니 상대적인 수익도 보이지 않게 발생하는 것이다. 게다가 마음이 편하니 일에 더 집중할 수 있어 영업이익, 즉 매출도 늘어나게 된다. 더불어 여기서 얻는 소득으로 재투자하게 된다면? 말만 들어도 부자가 된 것 같다.

13
수익률 좋은 상가가 있나요?

　부동산 투자 종목 중 상가를 선택하는 사람들의 수익 방향성은 높은 월 수익이다. 같은 금액을 투자해도 다른 종류의 물건에 비해 높은 월 수익을 얻을 수 있는 것이 상가이기 때문이다. 상가의 공실률이 낮고 수익률이 높았던 시절이 있었기에 주택도 개조해 상가로 사용하기도 했다. 요즘은 워낙 많은 상가가 공급되고 비슷한 상권을 만들어내다 보니 공실률도 높아지고 투자금에 비해 월 임대료가 낮아지는 경우가 많아 선택을 신중히 해야 한다.

　퇴직금 등을 투자해 안정적인 월 생활비를 얻고자 할 때 보통 상가를 찾는데, 이런 분들에게 권해드리는 상가 임차 업종은 병원이다. 병원의 일부도 투자 가능하니 투자금에 맞춰 선택할 수 있다. 매월 자식들에게

출처 : 필자 제공

용돈을 타서 쓰는 것을 원치 않는 투자자, 퇴직금을 한 번에 잘못 투자하면 큰 손실을 볼 수 있다고 생각하는 투자자, 연금처럼 월 생활비가 보장될 수 있는 투자를 원하는 사람들에게 말이다. 병원으로 임대된 상가는 보통은 10년 기본 계약에서 20년까지도 계약을 한다. 이 기간 내에 법정 한도 내에서 당연히 임대료를 인상해 재계약할 수 있다. 병원의 특성상 구분된 벽을 모두 허물어 사용하다 보니 명확한 경계 구분이 안 된다는 이유로 은행 대출이 어렵다는 단점은 있다. 벽을 허물기 전 분양을 받은 최초의 소유자는 대출이 가능하지만, 벽이 허물어진 이후 매매할 경우에는 대출이 불가해진다. 그래서 대출을 이용한 매매는 쉽지 않지만, 수익률이 높고 월 차임도 날짜 어김없이 꼬박꼬박 입금되어 안정적인 수익은 약속할 수 있다.

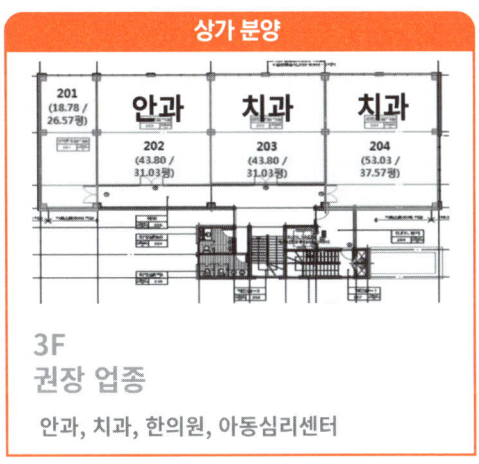

출처 : 필자 제공

　여기서 주의할 점이라면 건축 중인 상가 건물이 병원으로 임차되어 임대보장으로 분양할 때, 병원으로 임차한 계약자가 병원의 관계자인 경우는 주의를 요한다. 보통은 병원 원장이 직접 임대차 계약의 계약자가 되어야 하는데, 관계자가 임대차 계약의 당사자로 계약을 한 경우 임대차 계약이 해지될 우려가 있어 이를 근거로 분양을 받았던 분양자들은 낭패를 보기도 한다. 투자는 사례별로 잘 이해해야 하고, 그에 맞는 투자 상품을 선택하는 것이 중요하다.

14 공실 위험은 어떻게 해결할 수 있나요?

임대가 맞춰진 부동산 중에서도 상권이 형성되어 있고, 가격이 안정된 지역의 물건은 공실의 위험이 상대적으로 적다. 그러나 상권 형성이 아직이고, 분양이나 임대가 맞춰진 지 얼마 안 된 수익형 부동산은 공실의 위험이 수반된다. 월 수익을 기대하고 상가나 오피스, 오피스텔 등을 분양받을 때는 상당한 기간 동안 공실 가능성을 염두에 두고 분양을 받는 것이 합리적이다. 공실 위험의 문제를 감안하고도 가격이 적정하다고 계산됐을 때 분양을 받아야 한다. 하지만 위험 선호형 투자자는 (어느 정도의 공실 위험을 감수하고서라도) 시간이 지난 뒤에는 수익이 기대만큼 오르고, 그로 인해 자본이득까지 볼 수 있다고 판단이 되면 과감하게 매입을 하기도 한다. '나중에는 이 가격으로 이런 물건 못 사지' 하면서 말이다.

출처 : 필자 제공

공실이 됐을 때 가족 중에서나 본인이 직접 사용할 생각으로 매입한다면 금상첨화지만 이는 드문 사례이고, 공실의 위험이 두렵다면 임대가 맞춰진 부동산을 매입해야 한다. 당연히 맞춰진 임대 조건이 타당한지도 봐야 한다(렌트 프리 기간과 임대료의 적정성).

예를 들어 임차인을 맞추기 위해 분양사무실에서 인테리어를 지원하거나 긴 무상임대기간 등을 준 뒤 무상임대기간이 끝나면 큰 부담이 되는 임대료 때문에 그냥 퇴거해버리는 임차인도 있다. 어떤 임차인은 이를 활용해 권리금을 받고 나가버리기도 한다. 이러한 경우 시간이 지날수록 모든 부담은 임대인에게 가중된다.

나는 정말이지 그 단지의 상가 분양이 내 순서까지 올 수 있다면, 그것은 대박이라고 생각할 정도의 물건을 분양받은 적 있다. 당시 나에게는 엄청난 무리가 따랐던 분양가격이었지만, 분양을 받을 기회만 주어

출처 : 필자 제공

진다면 무리를 해서라도 갖고 싶었던 상가 단지였다.

그러나 많은 중개업자와 투자자들의 예상을 뒤엎고 공실률이 높은 것은 물론, 예상했던 수익에 전혀 미치지도 못했다. 상가가 형성된 후 2년 뒤쯤부터는 계약금을 포기한 물건들이 회사보유분이라며 할인 분양 물건으로 나왔다. 분양을 받고 4년이 지난 지금도 임차인을 맞추는 데 어려움이 있을 뿐만 아니라, 당시 무리해서 분양을 받은 탓에 이자 등, 그 여파가 아직도 나를 힘들게 하고 있다. 그러한 경험들은 내가 수익형 부동산에 눈을 뜰 수 있게 했다.

상가를 매입하려는데
임차 업종은 어떤 것이 좋을까요?

상가를 떠올릴 때 대부분은 상업용지에 밀집된 상가를 생각한다. 상가에 입점 업종은 수도 없이 많지만, 이 장의 제목과 같은 질문을 하는 이유는 임차 업종이 예쁘고, 향기 좋고, 깔끔한 임차업종을 원해서일 것이다.

사실 음식점, 그중에서도 많이 끓여야만 하는 종류의 음식점은 임대인들이 선호하지 않는다. 예전에는 족발집에서 족발을 식당에서 삶았으니 열기도, 냄새도 엄청났었다. 그래서 웬만한 임대인들은 "가게 버린다"라며 임대하기를 꺼려 했다. 혹여 임대를 준다고 해도 예상 임대료의 10% 정도를 더 요구하면서도 억지로 주는 듯한 모양새가 있었다.

하지만 요즈음 식당들은 대부분이 프랜차이즈다 보니 완성된 음식을 본사에서 받아 데우기만 하고, 포장하는 수준이라 식당들이 깨끗하다.

아직은 그래도 다른 업종에 비해 식당의 임대료가 더 높은 편이니 임대를 놓는 입장에서는 고려해볼 만한 일이다.

임차 업종을 선택할 때 어디에 초점을 둬야 할지 생각해야 한다. 프랜차이즈의 경우(프랜차이즈 나름이기는 하지만) 보통은 거리 제한이 있다. 그럼에도 불구하고 임차인의 입장에서 원하는 브랜드를 유치할 수 있다면, 임차인은 어느 정도의 임대료는 감당하기도 한다. 또한 프랜차이즈의 특성상 상가 외관도 깨끗해 임차 업종으로 선호되고 있다.

출처 : https://unsplash.com

배달 전문 음식점의 경우는 살짝 조건이 다르긴 하다. 음식점이라도 배달 전문 음식점은 저렴한 임대료를 조건으로 해서 위치를 크게 중요시하지 않는 것이 일반 음식점과는 다른 점이다.

또한 사무실은 깨끗하고 조용해서 사무실로 임대하기를 원하는 임대인도 상당히 많다. 사무실의 경우 명함이나 각종 회사의 판촉물에 주소를 새기고 홍보를 하기 때문에 사무실 이전이 잦지 않은 장점이 있다. 반면에 사무실의 집기는 철거가 어렵지 않아 조건이 더 좋은 사무실이 나오면 쉽게 이전하기도 한다.

  결론적으로 임차 업종은 너무 다양하지만, 임대 조건으로 중요하게 생각하는 것이 무엇인지에 따라 임차 업종은 달라진다. 임대료 중심인지, 상가 건물의 예쁜 외관인지, 사람들의 왕래가 빈번하지 않은 조용한 업종인지를 따져서 임차 업종을 선택해야 할 것이다.

오래된 상가도 투자할 만한 물건인가요?

상권은 옮겨간다. 신촌에서 홍대로, 연남동으로, 망리단길로. 홍대, 연남동, 망리단길처럼 상권이 새로 만들어지기는 했으나 같이 상생하는 경우도 있고, 신촌이나 이대입구처럼 기존 상권이 죽는 경우도 있다.

예전에 상가는 월 얼마씩 받을 수 있는 좋은 수익형 부동산이었지만, 지금은 예전 같지 않다. 일단 상권이 죽은 것이 주된 이유지만, 전과 같이 사람들이 오프라인에서 쇼핑을 즐기지 않고, 코로나 19 이후로 단체 모임을 하는 일도 보기 드물어졌기 때문이다. 그러니 상가들은 왕왕 장사가 되지 않고, 월세는 점점 조정을 받아 예전처럼 상가 수익률이 나오지 않는 것이다.

출처 : https://upload.wikimedia.org

특히, 단지 내 상가나 주상복합 등의 새로운 상가 분양이 워낙 많아서 잘못 선택하면 낭패를 보는 일이 다반사다. 이에 반해 수익률이 잘 나오는 상가도 있다. 이런 상가들은 대부분 오래된 상가다. 이미 상권이 형성되어 수요자도 많고, 오래된 상가인 만큼 분양가격도 저렴했기에 일정 수준 이상의 수익률이 나오는 것이다. 따라서 검증이 된 오래된 상가가 유리할 수 있다.

허위 정보에 주의하자

세종시 상가 10곳 중 3곳은 '공실'… 대책은 '글쎄'

입력 2019-06-25 14:58 수정 2019.06.25 15:24

출처 : 〈한국일보〉

다시 이야기하지만, 주의할 점은 상가는 수익률을 임시로 맞춰 놓는 경우도 있다는 것이다. 또한 상가 매도를 위해 방문객을 사서 고객이 많은 것처럼 위장하는 경우도 있다. 물론 드문 일이긴 하나 이와 같은 일이 나의 일이 될 수 있으니 주의를 기울여 판단해야 한다.

빌라나 아파트를 매입할 때 대지 지분을 따지는 이유는 뭔가요?

　지분은 집합건물과 같이 공유재산 따위에서 각 소유자의 몫을 말하는 것이다. 그중 대지 지분은 내가 소유한 부동산에서 얼마만큼의 대지, 토지를 보유하고 있는지를 말한다. 예를 들어 연립주택 27평형에 살고 있는데 우리 집의 대지 지분이 11.5평이라면, 연립주택은 27평형을 보유했지만 그에 따른 대지는 11.5평을 소유한 것이다. 대지 지분이 많은 공동주택은 가구 수가 적은 저층의 연립주택이다. 대지 지분이 많으면 재건축 사업으로 인해 각자에게 돌아올 이익이 커진다. 조합원 분양분 이외에 일반인에게 분양하는 일반분양의 세대수가 많아진다면, 조합원의 추가 분담금은 줄고 사업의 수익성은 커진다.

출처 : 필자 제공

보통 공동주택의 가구당 지분을 계산하기 위해 평균 대지 지분을 계산하는데, 평균 대지 지분이 높더라도 앞서 말한 개별 대지 지분이 작으면 돌아올 이익도 작아진다.

개별 대지 지분에 무상지분율(대지 지분을 기준으로 얼마 정도의 평형을 추가 분담금 없이 조합원들에게 부여할 수 있는지를 나타내는 비율)을 계산해서 재건축 후에 받을 수 있는 면적을 산정하게 되므로, 일단은 개별 대지 지분이 크면 클수록 좋다.

참고로 개별 대지 지분이 많아도 단지 자체가 협소해 대단지 조성이 어려울 경우에는 대형 건설사가 사업에 참여하기 어렵다는 점도 염두에 둬야 한다.

재건축에 투자한다면
주의할 점은 무엇이 있을까요?

　재건축은 정비기반시설은 양호해서 생활권은 편리하지만, 건물이 노후되어 정비가 필요한 경우 사업이 진행된다. 우리가 가장 쉽게 접하는 재건축 사업의 예는 은마아파트다. 재건축을 추진한 지 20년이 됐지만, 이제야 겨우 조합이 설립된 단계다. 그만큼 사업이 장기화 될 수 있고 그로 인한 리스크가 있다.

　재건축의 경우 조합설립을 위해서는 각 동별 소유자 2분의 1(1/2), 전체 소유자의 4분의 3(3/4) 이상의 동의가 필요하다. 이 동의를 얻는 것이 생각보다 어려울 수 있다.

　재건축 사업으로 인해 새 아파트에서 살면서 시세도 오른다는 생각에 재건축 사업을 찬성하며 동의하는 소유자들도 있다. 하지만 그곳에

출처 : 필자 제공

서 오래전부터 생활 터전을 가졌던 사람들은 "현재 잘 살고 있는데 무슨 돈을 더 내고 복잡한 일을 해서 새 아파트에서 살려고 하느냐?"라고 말하기도 한다. 이러한 의견을 내는 소유자들은 대부분 요지부동이라 이쪽에서 동의서를 한 장 더 받아내기란 어마어마하게 힘들다. 그래서 부동의 소유자들에게서 동의를 받아내는 것이 얼마나 어려운지 영화 속에 가끔 등장하기도 할 정도다.

한편 곧 조합설립이 가능하다고 해서 투자를 시도했다가 오래도록 자금이 묶이거나 사업 부진으로 인해 추가 분담금이 늘어나기도 한다. 재건축에서는 초과이익환수제가 있다. 이는 조합원당 집값 상승분에서 사업비용을 제하고 3,000만 원이 넘는 경우 초과 금액의 최대 50%까지 환수하는 제도다. 또한 조합원의 자격을 얻지 못할 수 있으므로 투자 전 조합원의 지위가 승계되는지 여부를 확실히 검토하고 투자를 시작해야 한다.

19
지역조합주택 아파트는 왜 주의해야 하나요?

> 지역주택조합이란 일정 지역에 거주하는 다수의 구성원이 주택을 마련하기 위해 결성하는 조합으로서, 무주택이거나 주거전용면적 85제곱미터 이하 1채 소유인 세대주의 내 집 마련을 위해 일정한 자격 요건을 갖춘 조합원에게 청약통장 가입 여부와 관계없이 주택을 공급하는 제도입니다.
>
> 출처 : 서울특별시 홈페이지(https://news.seoul.go.kr)

내 주변에도 지역주택조합 조합원 모집을 일반 아파트 분양으로 착각해서 조합원 신청을 하는 것을 종종 봤다. 물론 순조롭게 사업 진행이 됐을 때는 일반 분양가격보다 저렴하게 아파트를 계약하는 것은 맞다. 하지만 후일에 추가 요구되는 추가 분담금 때문에 속앓이하는 것도, 토지 매입 과정이 어려워 사업이 진행되지 않아 골머리를 앓는 것도 봤다. 따라서 지역주택조합 사업은 힘들다는 인식이 팽배하다. 그렇다면 지역주택조합이란 무엇이며, 어떻게 진행되어 아파트 분양을 받게 되는 것일까?

지역조합주택이란 동일 지역, 같은 시도에 거주하는 주민들이 주택 및 아파트를 건설하기 위해서 조합을 설립하고, 토지를 매입해 사업을 추진하는 것이다. 조합원들의 돈으로 사업을 진행하니 조합원이 사업 주체다.

줄여 말해 '지주택'이라고 부른다. 조합은 리모델링을 위한 조합도 있고, 같은 직장에서 근무하는 근로자들이 주택 마련을 위해 설립한 직장주택조합도 있다.

지역주택조합사업 진행 절차

01. 추진위원회 구성	02. 조합원 모집신고 및 조합원 모집	03. 지구단위계획
조합원 결성을 위해 20인 이상 결의/지자체 등록	양해각서 작성(MOU) : 시공사, 신탁사, 대행사 등	제안한 지역의 대상 토지면적(국공유지 제외)의 3분의 2 이상에 해당되는 토지 소유자의 동의
04. 건축·교통 심의	**05. 지역주택조합설립**	**06. 사업계획승인**
토지 소유자가 아닌 자가 신청하는 경우 토지면적의 3분의 2 이상에 해당되는 토지 소유자의 동의	해당 주택건설대지의 100분의 80 이상의 토지에 대한 토지사용승낙서	해당 대지면적의 100분의 95 이상의 소유권을 확보하고 확보하지 못한 대지가 매도청구 대상이 되는 대지에 해당하는 경우
07. 착공신고 및 착공	**08. 준공 및 사용승인**	**09. 조합 해산**
시공사 공사계약 / 착공신고 일로부터 2년 이내 착공	입주시작	

출처 : 필자 제공

해당 지역의 주택 및 토지 소유자들로 이루어진 재개발 또는 재건축과 일정 부분은 비슷하면서도 차이가 있다.

조합원의 자격은 조합설립인가신청일 현재, 해당 지역에 6개월 이상

거주해야 한다. 또한 조합설립인가신청일부터 해당 조합주택의 입주가능일까지 무주택 세대주 또는 전용면적 85㎡ 이하의 주택을 1채 소유한 세대주여야 한다(투기과열지구 안에 있는 경우에는 주택조합설립인가신청일 1년 전의 날부터 자격 요건을 따진다).

그리고 해당 사업 토지의 50% 이상의 사용권원(해당 토지를 사용할 수 있는 권리를 확보하는 방법)을 확보해야 조합원을 모집할 수 있다. 사업계획승인까지는 조합원 교체나 추가 모집이 불가하다(단, 추가 모집 승인을 얻은 경우는 추가 모집 가능).

지역주택조합 설립 인가를 받기 위해서는 예정된 세대수의 50% 이상을 조합원으로 모집해야 한다. 또한 해당 사업 부지의 80% 이상의 사용권원을 확보해야 한다. 거기에 건설 대지면적의 15% 이상에 해당하는 토지는 사용권원을 소유권으로 확보해야 한다.

인가를 받고 난 뒤 사업계획승인을 위해서는 인가 후 2년 이내에 사업승인신청을 해야 하는데, 해당 토지의 95% 이상의 소유권을 확보해야만 신청이 가능하다. 이러한 일련의 과정들이 순조롭게 진행되기 어려운 부분들이다.

토지 확보가 순조롭다면 사업은 빨리 진행될 수 있다. 토지 확보는 보통 지하철이 가깝거나 교통이 편리한 기존의 단독주택이나 저층 건물로 이루어진 주거지를 매입하는 방식으로 이루어진다. 하지만 조합원들의 돈을 모아 타인의 토지를 매입하다 보니 토지 매입 과정이 매우

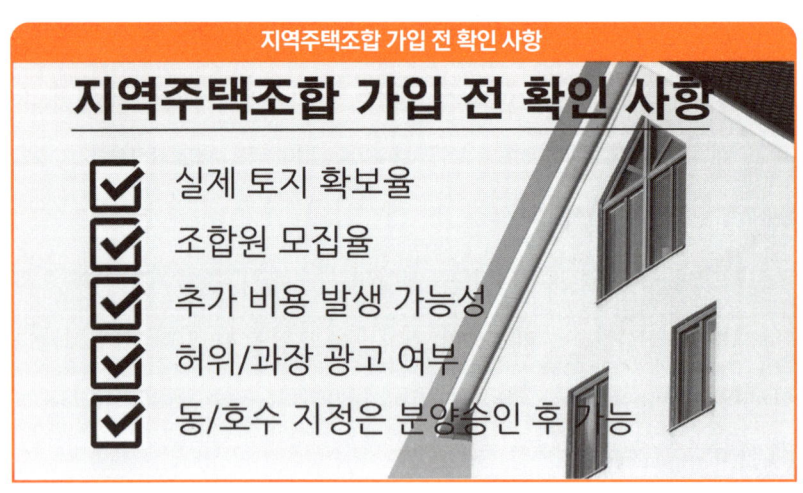

출처 : 필자 제공

어렵고, 조합원 모집도 쉽지는 않다. 토지 매입이 순조롭지 못하면 사업 기간과 비용이 많이 늘어나 착공을 못 하는 경우도 있다. 또한 조합장과 조합원 자금 횡령 등의 사건 사고로 인한 문제도 적지 않게 발생한다.

얼마 전 보도된 사건도 지역주택조합 재개발 사업에서 조합원 자격을 부여하겠다며 이중 분양 사기를 저질렀고, 이를 묵인하는 대가를 받은 조합장이 연루된 경우였다(참고로 주택법상 2017년 8월부터는 조합원 명의 변경이, 2019년 9월에는 부적격·임의 세대를 이유로 진행하는 추가 모집까지 모두 금지됐다).

사업 진행이 어느 정도 됐는지 체크하고, 조합원 추가 모집이 이중분양이 아닌지 확인해야 하며, 조합원 모집 과정에서 과대광고나 불투명한 모집 방법은 아닌지 점검하는 등 많은 주의가 필요하다.

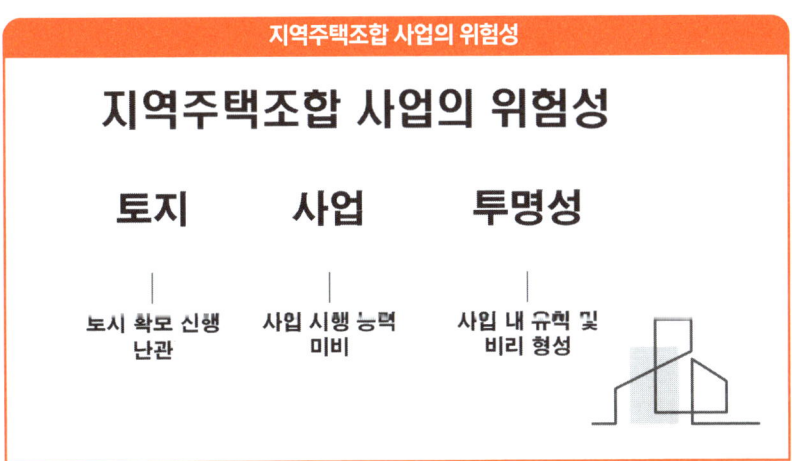

출처 : 필자 제공

'지산'이란 무엇인가요?

'지산'은 지식산업센터의 줄임말로, 아파트형 공장이라고도 한다. 우리나라의 좁은 국토를 효율적으로 이용하기 위해 단일 건물에 많은 공장이 입주해 사업할 수 있도록 설립된 기업체를 위한 부동산이다.[5]

'지산'은 공장 설립이 목적인 사람들이 수요자인데, 우선 공장을 설립할 수 있는 토지에는 조건이 있다. 그 조건에 맞는 토지는 서울 시내와 수도권에서는 찾기가 힘들다. 보통 제품을 만드는 공장에서부터 제품이 소비될 수 있는 곳까지의 운송 거리가 가까울수록 그 공장의 가격은 높다. 운송비와 시간이 절약되는 이유에서다. 서울과 수도권에 소비력이 집중되다 보니 서울과 수도권에 가까운 공장의 가격이 당연히 높을 수밖에 없다. 여기서 '가격'의 의미는 임대료를 포함한 것이다. 지산

---

[5] 서은영, "지식산업센터의 입주의향과 추천에 관한 연구", 전주대학교 박사학위논문, 2020, p. 9.

은 수평적인 공장 확장의 어려움으로 수직형 공장으로 만들어진 아파트형 공장[6]의 좀 더 발전적인 모델이라고 할 수 있다.

출처 : 네이버 지도

공장이 필요한 수요자들은 한정된 공장 부지 때문에 서울과 수도권 내에 자신의 사업체를 유지하기 위해 높은 임대료를 감당해야 한다.

서울과 수도권에서 공장 유치가 어려웠던 기업체들은 수도권의 지산을 분양받거나 임대하지 않을 이유가 없다. 1900년대 공급됐던 아파트형 공장의 시스템과 시설보다 더 좋은 조건(예를 들어 드라이빙 시스템, 드라이브 인 등)으로 공급된 공장인 지산에 대한 정부의 지원 또한 훌륭했다. 먼저 볼 것은 지산의 금융 혜택이다. 높은 대출 비율로 최대 80%까지 저리로 대출이 가능했다. 세제 혜택도 법인세, 재산세, 취득세 모두 감

---

6) 3층 이상의 동일 건물 내에 6개 이상의 공장이 입주할 수 있도록 건축된 집합건축물을 말한다. 자금력이 부족한 중소기업에 작업환경을 제공하고, 도시형업종 및 무등록공장의 집단화를 통한 도시미관 개선을 목적으로 한다(출처 : 네이버 지식백과, 한경 경제 용어사전).

면 대상으로 금상첨화였다.

예를 들어 같은 가격의 물건에 투자한다고 할 경우 10억 원의 아파트와 같은 가격의 지산에 투자한다면, 아파트에 들어가는 취득세는 보유주택 수에 따라 1~12%인 데 반해 지산은 2.3%다. 대출 비율이 아파트는 50%라고 할 때 대출금 5억 원에 금리는 시장 금리에 따르지만, 지산은 대출 비율이 최대 80%로 8억 원에 대해 저리 대출이 가능했다. 실투자금액이 5억 원과 2억 원으로 3억 원의 차이가 난다. 이러니 지산이 매력적인 투자처일 수밖에 없었다. 주의할 점이 있다면, 이러한 혜택은 2022년 말까지 적용됐다는 점과 매수가 아닌 분양 시에 적용된다는 점, 전매에서도 적용 가능하다는 것이다.

하지만 모든 지산이 매력이 있는 것은 아니다. 지산은 사업체, 일자리와 관련된 부동산이므로 기업 유치를 하고자 하는 수요가 많은 위치인지, 지산 내 기업에 종사할 종업원의 출퇴근이 용이한 위치인지(역세권이거나 역세권이 아닐 경우 대안이 있는지)를 따져서 투자해야 할 것이다.

전국 지식산업센터 현황(2024년 8월 26일 기준)

NO	행정구역	지식산업센터 개소	비율
1	서울특별시	391	77%
2	경기도	717	
3	인천광역시	81	
4	부산광역시	71	23%
5	대구광역시	37	
6	광주광역시	30	
7	대전광역시	14	
8	울산광역시	7	
9	세종특별시	3	
10	제주특별자치도	6	
11	경상남도	31	
12	경상북도	19	
13	전라남도	18	
14	전라북도	20	
15	충청남도	37	
16	충청북도	34	
17	강원도	23	
	전국 합계	1,539	100%

출처 : 공공데이터포털

지산을 분양받을 때 염두에 둘 점이 무엇인가요?

한때 지산이 아주 핫한 수익형 부동산으로 떠오르기도 했는데, 다시 그 명성을 되찾을 수도 있다고도 본다. 우리나라는 공장이나 창고를 지을 공간이 많지 않다. 서울이나 수도권에는 더욱 그렇다. 그 때문에 물류 창고들이 지방에 있어 화물트럭들이 물류 운반을 위해 고속도로를 밤을 새워 달린다.

도시지역 내에서는 공장, 창고를 지을 수 있는 용도지역이 거의 없고, 있더라도 일부 업종만 가능하다. 도시지역 외에도 계획관리지역을 제외한 용도지역은 일부 업종과 시설만 가능한 상태인데, 이는 지자체나 조례, 규정에 따라 다르다.

서울 근교는 대부분 개발제한구역으로 묶여 있어 창고는 그나마 일부 지어지는 것을 봤지만 공장은 어렵다. 그러니 과거에 '아파트형 공장'이라고 불리던 공장들이 수도권에 들어왔을 때 어찌 수요가 몰리지 않았겠는가.

출처 : 디엠피 건축(http://www.dmppartners.com)

지산은 토지 이용의 고도화와 집약화를 위해 수직적으로 올린 오피스 빌딩이라고 보면 되고, 세제 혜택이나 금융 지원도 있었다.

주의할 점이라면 계획입지(산업단지 내 지산)와 개별입지 내 지산이 있는데, 산업단지 내 지산은 원칙적으로 임대를 목적으로 취득이 불가하다는 것이다.

사업개시완료 후 임대업으로 전환 등록한 다음에는 임대가 가능하다. 그리고 임대업으로 전환 후에는 1년 내(공장은 5년 내) 처분할 수 없다는 점에 주의가 필요하다.

개별단지 내 지산도 모집공고 기준에 따라 임대가 불가한 경우가 있어 모집공고 내용을 잘 살펴봐야 한다. 임대수익을 목적으로 취득하는 경우에는 꼼꼼히 살펴보고, 공공기관에 알아보는 것도 필요하다.

다음 표를 참고로 산업단지 내 지산과 개별입지 내 지산을 비교해봄 직하다.

계획입지와 개별입지 구분

구분	계획입지(좁은 의미의 산업단지)	개별입지
목적	계획적인 국가경제 발전과 지역경제 활성화로 지역균형 발전 도모	입지수요의 탄력적 대응과 유휴 토지의 적기개발로 토지 이용 효율화 도모
장점	• 계획적인 조성, 조성 및 금융지원의 혜택 • 대규모 단지조성으로 기반시설 양호, 공장 설립 관련 인허가 절차 용이 • 공장의 집단화로 기업상호 간 정보 및 기술 용이 • 연관기업 계열화로 물류지 절감 • 공해방지시설 설치로 공해배출 업종 입주 용이	• 필요시기와 원하는 장소에 공장설립 가능 • 계획입지에 비해 저렴한 가격으로 용지 확보 가능 • 처분 · 이전 · 증설 용이 • 계획입지에 비해 입주업종 제약 적음
단점	• 단지개발에 장기간 소요로 적기 · 적소의 용지확보 곤란 • 개별입지에 비해 분양가격 높음 • 구획단지로 향후 확장의 곤란 • 입주업종제한과 처분의 제한	• 공장설립 관련 허가 절차 복잡 • 용도전용의 어려움 • 입지여건의 취약 • SOC · 인프라시설 등의 미비 • 산재된 개별공장으로 인한 환경오염 통제의 어려움 • 조세 · 금융지원 등 인센티브 부족

출처: 서은영 "지식산업센터의 지속입주의향과 추천의도에 관한 연구 : 고양시를 중심으로", 전주대일반대학원 박사학위논문. 2020. p.12.

필자는 자그마한 지산을 분양받은 경험이 있다. 세제 혜택과 높은 대출 비율, 저금리 덕분에 큰돈 없이도 분양받을 수 있었다. 처음에는 이

출처 : https://pixabay.com

자를 제하고도 괜찮은 수익을 볼 수 있었는데 현재는 공실이다. 이유는 관리비 부담과 주차난 때문이다.

'당연히 지산은 주차 문제를 최소화하겠지'라고 믿었던 안일한 생각에 짚어보지 않고 분양받았는데, 주차가능비율이 0.42:1이라나? 1:1도 안 되는 상황이니 입주했던 임차인들은 만기가 되면 주저 없이 나가버렸다. 따라서 추후 취득 시 주차 문제는 확실히 짚어야 한다. 또한 관리비는 관리단과 관리업체 선정 시에 소유자로서 적극적으로 참여해 문제를 해결해야 한다.

기존의 지산을 매입하고자 할 때도 앞서 말한 사항들을 면밀히 살피길 권한다.

22
지산 분양할 때 섹션오피스도 같이 분양하던데, 섹션오피스도 투자할 만한 물건인가요?

지산을 분양할 때 섹션오피스를 함께 분양하는 것이 트렌드다. 보통 지하 1~2층에서부터 지상 5~6층 정도까지 지산을 분양하고, 그 위로는 섹션오피스를 분양한다. 섹션오피스는 규모가 큰 업무용 빌딩 안에 작은 규모로 각각 구분해서 분양한다. 지산을 분양할 때 작은 규모의 오피스를 분양하는 데 바로 이것이 섹션오피스다.

출처 : https://commons.wikimedia.org

섹션오피스는 앞서 말했듯 100% 업무용으로 지어지며, 규모가 작아 초기 투자 비용이 적게 든다. 또한 오피스텔과는 달리 화장실과 주방 등의 시설들이 제외됨으로써 공간 효용성이 높다.

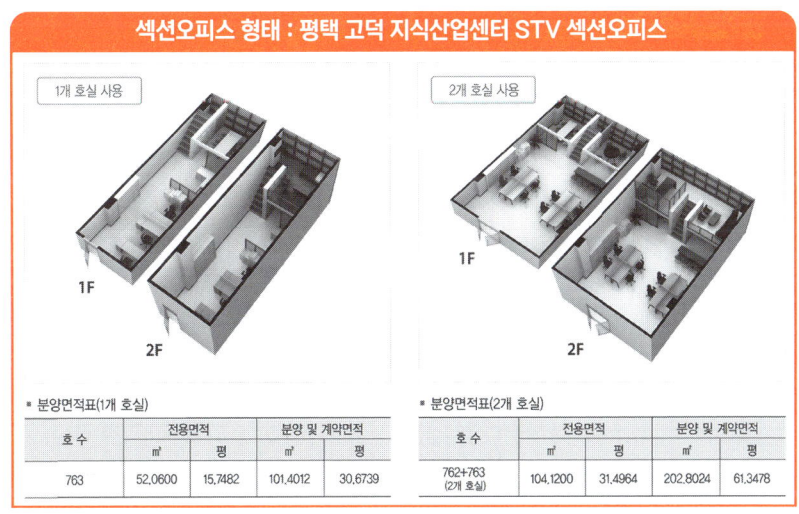

출처 : https://분양솔루션.com

지산을 실수요자들이 분양받을 때 지산과 부수적으로 사용할 사무실을 사용하기 위해 함께 분양받기도 한다. 또는 추후 사무실이 필요하게 되면 임대로 섹션오피스를 이용한다.

물론 섹션오피스만을 필요로 해서 임대를 얻는 수요자들도 있지만, 지산만큼 메리트는 없다. 단지 소액 투자처로의 장점이 있어 투자를 시도하기도 하지만, 임대료가 상승하는 데는 시간이 필요한 물건이다.

지산과는 달리 대출 비율이나 취득세 등의 혜택을 받기 어려울 수도 있다는 점도 고려해야 할 중요한 포인트다.

23
생활형 숙박시설(생숙)이 궁금해요

'생숙'이라고 불리는 생활형 숙박시설은 숙박용 호텔과 주거형 오피스텔이 합쳐진 개념으로, 호텔식 서비스가 제공되는 숙박시설[7]이라고 생각하면 된다. 주거가 가능한 호텔이니 취사도 가능하고 바닥 난방도 가능하다. 단, 오피스텔같이 아파트에 비해 전용률이 낮다. 또한 호텔과 달리 개별등기도 가능하고, 전월세로 세를 놓을 수도 있다.

주택 수에도 포함되지 않고, 종부세 부과대상에서도 제외되며, 대출도 자유로워 좋은 입지에(상업지역 또는 준주거지역에서 조건이 맞을 경우 건축 허가를 받을 수 있다) 건설되는 생숙이 한참 인기를 끌었다. 아파트와 달리 청약 규제가 없어 경쟁률이 대단했다. 그러나 아파트와 같은 주거시설에 요구되는 주차장과 학교 등의 공공시설물 확보에 대한 규제가 없다.

---

7) 네이버-나무위키

출처 : https://www.samho-eng.com

이로 인해 인근 지역이 주차난과 학생 수 포화 등으로 민원이 많이 발생하면서 2021년 4월, 정부는 생숙을 주거 목적으로 전용하는 것을 막기로 했다. 이미 분양을 마친 생숙은 2023년 10월 14일까지 한시적으로 용도변경을 허용했다(생숙의 오피스텔 용도변경 특례기간이 연장될 것으로 예상된다).

이렇듯 한동안 경쟁률이 치열한 부동산이었던 생숙은 앞으로도 대기 중인 여러 규제책에 의해 시들해진 상황이다. 그러나 숙박시설로 이용하기에 적합한 생숙이라면 수익형 부동산으로는 제 역할을 다할 수 있다고 생각한다. 이제는 생숙을 볼 때 거주 위주가 아닌 수익형 부동산으로서의 입지분석이 필요하다.

24
드라이브인, 드라이빙 시스템은 어떤 시스템인가요?

    지산을 분양하는 전단이나 분양업체에서 장점으로 내세우는 드라이브인 시스템과 드라이빙 시스템에 대해 광고하는 것을 본 사람들의 질문이다. 지산을 분양받을 때 상당히 중요한 부분이긴 하다.

    먼저 드라이브인 시스템은 차량으로 내부까지 들어올 수 있는 시스템이다. 센터 안으로 차가 진입해서 내부 통로를 따라 이동한 뒤 공장이나 창고 내부까지 차량으로 화물을 옮길 수 있는 시스템이다. 중요한 것은 진입할 수 있는 화물차의 중량(톤수)이다. 진입할 수 있는 화물차의 크기를 말한다. 이는 이동 통로부터 공장 내부로 들어올 수 있는 출입문의 크기, 화물차가 이동할 수 있는 층고에 따라 다르다. 이 부분이 지산을 사용하는 데 아주 중요하다. 내 공장 앞 바로 주차도 가능한지 함께 살펴야 할 부분이다.

출처 : 빌딩랩(https://buildinglab.co.kr)

드라이빙 시스템이란 화물을 차량으로 운반하는 것을 말한다. 공장이나 창고 내부까지 차가 들어오는 시스템은 아니다. 따라서 센터 진입로부터 통로를 거쳐 내 공장 앞까지 몇 톤까지의 화물차가 올라올 수 있는지를 확인하면 된다. 차로 내 공장 앞까지 올라와서 거기서 화물을 싣고 나르는 것이다.

간단히 설명하자면 드라이빙으로 옮겨서 공장 내부로 드라이브인 한다고 생각하면 된다.

반드시 도로에 접한 땅을 매입해야 하나요?

투자로 얻는 수익은 부동산을 보유하고 있는 동안 생기는 운영수익과 나중에 부동산을 처분했을 때 얻을 수 있는 자본이득(양도차익)으로 구분된다. 땅은 운영수익형 부동산보다는 자본수익형 부동산에 가깝다고 할 수 있다. 하지만 건물을 지을 수 있는 땅을 매입해서 주택이나 창고를 지어 임대를 놓는 경우에는 임대수익도 기대할 수 있다.

건물을 지어 임대수익을 얻으려고 하든, 그냥 나대지로 두다가 매매를 통해 시세차익을 얻으려 하든, 일단은 도로에 접한 땅을 매입해야 한다.

건축법상 도로는 폭 4미터 이상의 도로를 말하고, 건축행위를 하기 위해서는 본 토지가 도로에 2미터 이상 접해 있어야만 한다. 이는 현황도로뿐만 아니라 도로법, 사도법, 국토의 이용 및 계획에 관한 법률 등에서 도로로 지정 고시된 도시계획예정도로도 해당된다(사도는 일반 다수의 통행을 위해 개방된 개인 도로를 의미한다).

사도의 경우 건축을 하기 위해서는 토지사용승낙서(사용할 토지의 소유자에게서)를 받아야 한다. 인천공항고속도로나 민자고속도로도 사도다. 큰 도로라고 해서 사도가 아니라고 판단해서는 안 된다. 사도와 공도의 구분은 등기사항전부증명서를 열람해 확인하면 된다.

일단 건축 허가를 받기 위해서는 도로의 폭이 4미터 이상, 보행과 자동차 통행이 가능해야 하고, 지목이 도로이며, 국가 소유여야 한다. 지적도와 현황상 모두 도로여야 함을 주의해야 한다.

출처 : 필자 제공

---

8) 도로와 맞닿은 부분이 없는 토지다. 도로가 없어 건축 허가를 받을 수 없기 때문에 건축물을 지을 수 없는 땅을 말한다.

그렇다면 도로에 접한 토지를 매입하면 그만인데, 문제는 그렇지 못했을 경우다. 이러한 상황에서는 다른 사람의 토지를 사용할 수 있다는 계약서의 일종인 도로사용승낙서를 받아서 이를 지자체에 제출하면 건축 허가가 나온다. 예전과 다르게 도로사용승낙서의 주인이 바뀌어도 도로관리대장에 등재된 도로라면 계속 사용할 수가 있다. 물론 그에 따른 보상이 따라야 하겠지만 말이다.

아니면 확실한 방법으로 내 토지와 붙어 있는 토지의 일부분을 매입해서 도로로 만드는 것이다. 이럴 경우에는 시세의 몇 배는 예상해야 한다.

이렇게 저렇게 내 땅을 맹지에서 면하게 하는 방법은 있지만, 어쨌든 맹지를 매입하는 것은 권하지 않는다.

송전탑, 지상에 전선이 통과하는 토지는 어떤가요?

 토지 위로 고압 전기를 보내는 전선이 있는 땅을 누구나 본 적 있을 것이다. 이러한 토지를 '선하지(線下地)'라고 부르는데 선하지는 토지 위에 고압선이 통과하기 때문에 해당 토지 상공 부분의 일정 높이까지는 활용할 수 없다. 당연히 토지를 사용해야 하는 사람은 매입해서는 안

출처: 필자 제공

되는 땅이다.

  그러면 이 땅은 "매입하시면 안 돼요"라고 하면 끝나는데, 무슨 말이 더 필요할까 싶겠지만, 나름 이 땅의 활용법도 있으니 소개한다. 일단, 선하지는 가격이 아주 저렴해서 일부러 경매에서 찾는 분들도 봤다. 경매에서 선하지는 유찰될 확률이 아주 높고, 저렴하게 낙찰을 받을 수 있어 일부러 선하지를 선택하는 것이다. 이 땅을 그러면 어떻게 활용할까? 바로 선하지를 낙찰받아 농지연금을 신청하는 방법이다. 이는 필자도 "와" 하는 감탄사가 나왔다. 농지연금 신청방법은 가까운 농지은행 지점이나 농협은행을 방문해 상담하길 바란다.

출처 : https://www.fbo.or.kr

또한 선하지의 경우 한국전력공사에서 땅 주인에게 매년 일정 금액의 보상금을 지급한다. 보상금을 잘 받기 위해 별도로 애쓰는 분들도 있었는데, 근래에 한전에서 고압 송전선 아래의 땅 주인에게는 보상금을 대폭 인상한다는 소식도 있었다. 이러한 점들을 고려해 매입을 결정하길 권한다.

투자하고 싶은데 어디서부터 시작해야 할까요?

부동산 투자에 입문할 때는 고민이 많다. 일단 어떻게 시작해야 할지 난감하고, 넉넉하게 돈을 쌓아 두고 시작할 수는 없으니 과연 내 형편에 투자라는 것이 가능할까 싶기도 하다. 마땅히 물어볼 곳도 없어서 결심과 함께 흐지부지되는 경우가 부지기수다. 부동산에 투자하기로 한 순간이 바로 결심의 시작이지만, 물건을 신중히 고르는 동안 자칫 그 결심이 무너지기 쉽다. 마음을 다잡고 열심히 물건을 찾은 다음에는 깊고 짧게 고민하기를 권한다.

'깊고 짧게' - Seriously and Shortly(2S)

물건을 보고 어느 정도 마음에 들어서 잠시만 더 생각해보겠다고 등을 돌리는 순간부터 그 물건의 나쁜 점들만 쏙쏙 생각난다. 일부러 문제점을 찾을 정도다. 그리고 주변에 의논하면, 대부분은 "신중하라"고 이야기하거나 "그 돈이면 더 괜찮은 물건은 얼마든지 있다"라는 등의 조언을 한다. 이런 말들을 듣고 나면 괜찮다고 생각했던 물건은 저절로 포기된다. 그러고는 시간이 흐른 뒤 그만한 물건이 없어 그러한 물건을 찾아달라고 다시 연락이 오거나, 오히려 그보다 못한 물건을 선택한 뒤 문의를 하기도 했다. 그래서 선택의 순간이 오면 시간은 짧게, 물건 파악을 위해서는 신중하고 깊게 고민하고 결정하기를 강조하는 것이다.

초보 투자자라면 먼저 내가 준비할 수 있는 자기자본(equity)을 파악하고, 그것으로 투자할 수 있는 최고의 물건을 물색하자. 물색 과정에서 초보자는 수익형 부동산을 노리는 것이 좋다. 일단 대출의 힘을 빌릴 확률이 크기 때문에 이자를 감당해줄 수 있어야 하기 때문이다. 또는 흔히 우리가 아는 갭 투자를 권할 수도 있다.

단, 갭 투자에서도 주의할 부분은 있다. 갭 투자할 물건의 전세가액이 적정한지를 파악해야 한다. 자칫 깡통전세 임대인이 될 수 있기 때문이다. 또한 향후 시세차익을 볼 수 있는 지역인지도 많은 정보를 통해 파악해야 한다. 임차인 퇴거 후 새로운 임차인을 구하지 못해 전세금을 반환해주지 못하는 일이 생길 수 있다. 혹은 울며 겨자 먹기로 내 돈을 보태서 전세보증금을 반환해줘야 한다. 잦은 현장답사를 통해 부동산 물건을 보는 눈을 키우는 것은 매우 중요하다.

출처 : 필자 제공

첫 투자를 성공적으로 이끈 뒤부터는 자신만의 투자 스타일이 생겨 다음 투자를 위해서는 무엇을 알아야 하고, 무엇을 어떻게 조사해야 하는지를 알게 된다. 이 때문에 조건에 맞춰 상품을 선택하게 되므로 후속 투자가 용이해진다.

주변에서 자주 접하는 투자 방법이 있는데, 바로 남들의 말에 현혹되어서 하는 '묻지 마 투자'다. 내가 선택하려는 물건이 어떤 물건인지 얼마나 가치를 창출할 수 있는지는 생각도 안 하고, "누구는 뭘 샀다더라", "누구는 몇 개를 샀다더라"에 현혹되어 매입하고, 아주 짧은 시간에 프리미엄을 챙기는 방식으로 투자하는 것이다. 그래서 우리나라에 부동산 관련 카페를 운영하는 사람들이 날로 늘어나는 것이다. 투자 몰이가 가능하니 생기는 것이다.

이러한 투자 방식으로 실패하는 경우는 대부분 실패 원인조차 모르고 끝난다. 얼떨결에 투자금에 프리미엄을 얹어 정리하기도 하지만, 이는 투자가 아니다. 이것이야말로 투기다. 투기로 벌어들인 돈은 이상하게도 재산 증식에는 아무 도움이 안 된다. 그저 푼돈으로, 오히려 공돈이라는 생각에 쉽게 사라지는 돈이 되고 만다. 소비 습관만 나빠진다.

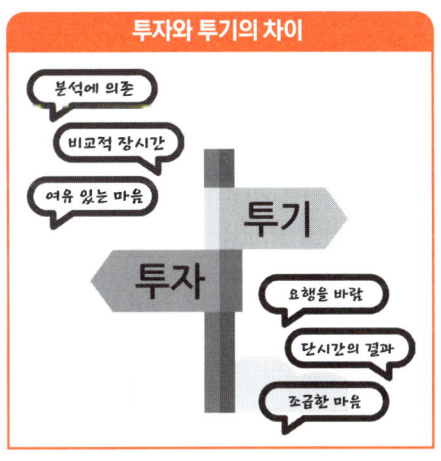

출처 : 필자 제공

'쉽게 번 돈은 쉽게 나간다'라는 말이 그냥 생긴 말은 아니라고 생각한다. 역시 돈은 땀의 노력이든, 머리의 노력이든, 무엇으로든 노력해서 벌어야 가치가 있는 것이다.

28
저도 투자를 할 수 있을까요?

무엇이든 알면 쉽고, 모르면 어렵다. 알고 보면 다 할 수 있는 것들인데도 모를 때는 나는 도저히 할 수 없는 것 같은 생각이 든다.

나는 전형적인 아날로그형 인간으로, 그렇게 기능이 많은 핸드폰도 전화로만 사용했다. 물론 지금도 활용도는 턱없이 부족해 문명의 이기를 제대로 누리지 못하고 산다. 그나마 활용 팁들, 예를 들어 카톡을 통해 자료를 전달한다든지, 핸드폰으로 스캔한다든지 하는 기능을 알고 나니 정말 간단하고 쉬운데 말이다. 누군가가 "아! 그거 핸드폰으로 그냥 하시면 되는데요" 했을 때는 무슨 말인지도 몰랐고, 나랑은 관계없는 이야기로 들렸다. 물론 핸드폰과 투자를 비교하기에는 무리가 있을 순 있다. 하지만 투자도 당연히 누구나 할 수 있으며, 해야 한다고 생각한다. 투자하기 위해서 먼저 준비해야 할 것들에 대해 파악해보자.

① 먼저 나의 투자 가능 금액을 정리하고,
② 투자금으로 투자할 수 있는 물건을 파악해
③ 투자 가능한 물건 중 수익률이 가장 좋은 물건을 선택한다.

(※ 여기서 중요한 부분이 있다. 수익률을 만들어놓은 물건인지, 현재의 수익성이 유지될 수 있는 물건인지 파악하며, 직접 관리가 가능한 지역에 있는 물건인지를 염두에 둬야 한다.)

이 장의 질문은 '저도 투자를 할 수 있을까요?'이므로, 나의 첫 투자 경험을 소개하고자 한다.

나는 부동산의 '부' 자도 모르던 사람이었다. 결혼과 동시에 임신했고, 그 시점에 남편의 사업은 기울기 시작해 한없이 상황이 안 좋아졌다. 나중에는 돈을 버는 목적 자체도 없어지게 됐다. 그저 돈을 메우기 위해 돈을 벌고 돈을 구했다. 이미 실패라는 상황에서 헤어 나오기 어려운 상황이었지만, 남편과 나는 그 자체를 인정하지 못했고 그 현실을 정면으로 마주하지도 못했다. 그래서 모든 것이 다 바닥이 나고, 도저히 어떻게 할 수 없는 지경이 되고 나서야 두 손을 들었다. 이렇게 말하니 대단히 큰 사업을 했던 것 같지만, 그냥 열심히 일해 먹고살 정도의 사업체였다. 어쨌든 그때를 떠올리면 그 시절에 처절한 앞날을 마주해야만 했던 내 슬픈 얼굴이 생각난다.

아무튼 당시 4살 딸과 2살 아들이 있던 나는 남편에게만 의지해서는 안 된다는 생각으로 공인중개사 공부를 시작했다. 아이들이 어린이집에 가 있는 동안 학원을 갔고, 학원에서 오는 길에 아이들을 데려와 씻기고 놀아주며 저녁을 먹이고 집안일을 정리했다. 밤이 되면 아이들을 업어 재우며, 그날 배운 것을 복습해서 합격을 했다. 처음에는 외국어보다 어려웠던 공인중개사 수험서였다.

공인중개사가 되어 업무를 보면서도 한참 동안은 투자에 눈도 뜨지 못했다. 무엇보다 투자할 만한 돈이 전혀 없었기 때문에 아예 엄두도 못 냈다. 4억 원짜리 아파트에 투자하려면 4억 원과 취등록세까지 필요한 줄 알았으니 그저 투자는 남들 이야기이고, 나는 그러한 물건을 중개만 하는 것으로 생각했다.

출처 : https://www.needpix.com

처음 투자를 시작하게 된 부동산은 건축법상 연립주택으로 흔히 타운하우스라고 불리는 주택 분양이었다. 분양 조건은 계약금 10%만 내면 잔금 때까지 들어가는 돈이 없었다. 그때는 전매가 가능했던 때라 잔금 때 잔금을 치를 능력이 없거나 소유할 의사가 없는 사람들은 전매를 했다. 그마저도 친언니와 공동 투자를 해야 할 만큼 여유가 없었다. 잔금 지급 능력이 조금 부족하다면 금액에 맞춰 임대를 놓을 수 있다는 생각도 못했다. 그저 손에 쥔 자금이 없어 잔금을 치를 자신이 없을 뿐이었다. 그래서 전매를 했고, 여기서 번 약간의 돈으로 작은 아파텔을 분양받았다.

출처 : https://unsplash.com

 운이 따랐는지 아파텔은 청약통장으로 당첨되는 것이 아니라 분양을 받는 것이 가능했다. 조금 여유가 생기면서 어렵게 잔금을 준비했지만, 직접 거주할 의사가 없어 세를 놓으면서 '아, 이렇게 하면 되는구나'를 알게 됐다. 그것으로 하나를 내 것으로 만들고, 그때부터 투자라는 것에 눈을 뜨고 방법을 깨치면서 재산을 증식할 수 있게 됐다. 하물며 나 같은 문외한도 이렇게 투자를 시작하는데 누구나 못할 리가 있을까 싶으면서도 신중함은 필요하다.

 투자는 이렇게 시작하는 것이라고 생각한다.

29
부동산 투자는 엄두가 안 나요

    부동산 중개업을 하면서 부동산을 배우고, 부동산에 투자하는 것이나 자신을 성장시키는 것과 같은 맥락이라는 것을 깨달았다.

    일반적인 의미의 투자란 '이익을 얻기 위해 어떤 일이나 사업에 자본을 대거나 시간이나 정성을 쏟음'이라고 국어사전에 명시되어 있다. 물론 이익을 위해서라지만 자본도 대야 하고, 시간과 정성도 쏟아야 한다는 것은 쉬운 일이 아니다. 그래서 부동산 투자를 어렵다고들 생각한다. 그저 남들이 무엇을 사서 팔면 몰이하듯 따라 하는 것은 투자가 아니다. 투자란 내가 투자하는 부동산이 나중에 어떤 모습으로 발전할 수 있을지를 기대하며 준비하고 투자해 남들이 탐낼 만한 좋은 물건으로 성숙할 수 있게 만드는 것이다. 10년 뒤 어떤 모습으로 변화해 있을지를 기대하며, 나 자신에게 투자하는 것과 같다고 생각한다. 기본적으로 혈통 좋은 가문에서 많은 것을 누리고 터득할 기회를 얻고 태어난 사람들이 미래의 모습에 대한 기대치가 높고, 기대치를 완성할 수 있는 확률도 높다. 부동산도 마찬가지로 기본적으로 위치한 곳이 좋으면 그 자체만으로도 향후 발전 가능성이 높다는 것은 알지만, 그러한 물건을 찾는 데는 그만한 대가가 따른다.

출처 : https://unsplash.com

소규모 투자를 시작하는 입장에서는 가성비를 극대화하기 위해 흙 속에서 진주를 찾는 마음으로, 투자 금액 대비 최고의 위치와 장래 수익을 기대할 수 있는 물건을 찾아야 한다. 어느 정도 그에 부합하는 물건을 찾으면, 그때부터는 외형도 내실도 좋은 물건으로 만들기 위해 관리를 잘해야 한다. 니트티셔츠를 세탁기에 돌려 빨래걸이에 넣어 축 늘어지게 건조시키는 것과 드라이클리닝을 해서 새 옷처럼 관리하는 것으로 비교할 수 있겠다. 관리 방법의 예로 상가 임차인을 구하는 데 있어 인테리어가 예쁜 업종이라서 상가가 빛날 수 있는 업종이라면, 렌트프리를 준다거나 임대료를 조정해주는 방법으로 임차인을 구할 수 있다. 또한 부동산에 문제가 발생했을 때 지체 없이 수선함으로써 물건이 더 망가지는 것을 방지할 수 있다. 또한 별다른 문제가 없더라도 정화조나 방수 등 주기적인 점검을 통한 관리가 필요하다.

출처 : https://unsplash.com

요즘은 시대가 변해서 주식이나 코인에도 투자하는 시대이기는 하지만, 나는 부동산 투자는 반드시 해야 한다는 주의다. 부동산을 투자해서 팔자를 바꿀 수도 있겠지만, 내가 말하고자 하는 투자는 그런 의미의 투자가 아니다. 돈의 가치는 시간이 흐를수록 떨어진다. 우리 어렸을 때 서울의 집값을 생각해보자. 그때는 500원짜리 화폐와 1원짜리 동전이 있었지만, 지금은 100원짜리 동전도 쓸 일이 없어지고 500원짜리 지폐가 동전이 되어버렸다.

나는 전세를 구하러 온 고객에게 말한다. 반드시 전세로 살아야 할 이유가 있지 않다면, 전세금에서 조금 더 투자해 집을 매입하자고. 내 의견을 받아들였던 고객들은 이후 내가 그러한 방법을 권했던 이유를 알게 됐고, 다시 본인의 형편에 맞는 투자 물건을 찾기도 했다.

부동산은 공부를 통해 투자해야 하는 것으로, 시작하려는 마음을 먹은 순간 이미 반은 시작된 것이고 누구나 잘 해낼 수 있다.

초보 투자자들이 알기 쉽게 각종 세금에 관해 설명해주세요

 이 장에서는 부동산과 관련된 세금만을 나열해볼 것이다. 세무는 너무 복잡해서 세무사들을 존경하지 않을 수 없다. 초보 투자자를 위한 설명인 만큼 아주 쉽게 개념 위주로 간략히 설명하고자 한다.
 먼저 국세와 지방세의 기본적인 정의를 정리하면, 국세는 국가가 세금을 징수하는 것을 말하며, 징수된 세금은 국가의 재원이 된다. 지방세는 당연히 지방자치단체(시도, 시군구)가 세금을 징수하는데, 지방자치단체의 재정수입을 위해 부과된다. 즉, 세금 부과의 주체와 목적에 차이가 있다고 이해하면 된다. 이렇게 크게 구분을 하고, 부동산과 관련된 세금들을 하나하나 나열해보자.

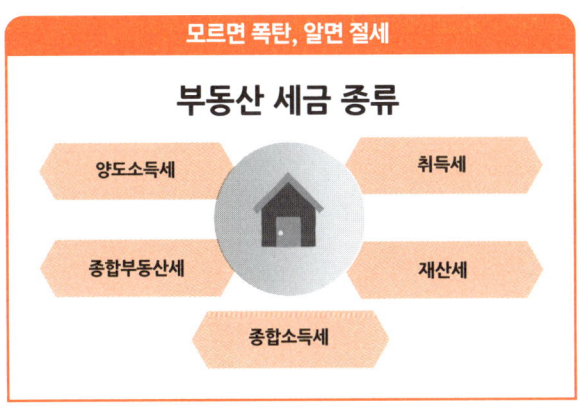

출처 : 필자 제공

(1) 취득세

재산을 취득한 사람과 법인에 부과되는 세금이다. 부동산을 매매나 상속, 증여 등으로 취득할 때 취득가에 법정세율을 적용한다. 취득세는 등기를 하지 않고 취득만 해도 납부해야 한다. 등기하지 않고 분양권을 넘긴 경우, 취득했다는 사실만으로도 취득세가 부과될 수 있다. 취득세는 지방세로 지자체가 과세한다.

(2) 양도소득세

부동산이나 주식, 부동산에 관한 권리를 양도해 이익을 얻었을 때 부과되는 세금이다. 따라서 이익을 얻지 못했을 때는 양도소득세가 과세되지 않는다. 양도소득세는 양도했을 경우는 당연히 부과되지만, 실제로 양도하지 않는 증여와 같은 경우에도 양도로 봐서 양도소득세를 부과하는 경우가 있다. 또한 양도로 인해 이익이 남지 않았더라도 반드시 양도 신고는 해야 한다. 양도소득세(양도세)는 국세로 국가가 과세한다.

(3) 재산세

재산세는 보유한 개별자산을 기준으로 부과되는 세금으로, 보유세다. 재산의 가치나 종류에 따라 부과액이 달라진다. 재산세는 6월 1일을 기준으로 재산을 가지고 있는 사람에게 부과되므로, 매매할 때 6월 1일을 기준으로 잔금일을 어떻게 정하느냐에 따라 매수자와 매도자가 그해의 재산세 과세 대상이 된다. 이로 인해 가끔 실랑이가 벌어지기도 한다. 재산세는 지방세로 지자체가 과세한다.

(4) 종합부동산세

개인이 소유하고 있는 부동산에 대해 부과되는 세금으로, 개별자산에 대해 부과되는 재산세와 달리 부동산의 합계액을 기준으로 과세한다. 공시가격 합계액이 공제금액을 초과하는 초과분에 대해 부과되는 세금이다. 종합부동산세도 재산세와 같이 당해 6월 1일 소유자에게 부과된다. 이 또한 보유세의 일종이다. 그래서 이중과세의 문제가 거론되기도 했지만, 헌법재판소는 종합부동산세가 헌법에 위반되지 않는다는 결정을 내린 바도 있다. 종합부동산세(종부세)는 국세다.

(5) 종합소득세

1년 동안 다양한 방법으로 올린 소득을 모두 합산해 납부하는 세금이다. 이 중에서 부동산과 관련된 소득세는 부동산 임대소득이다. 보유하고 있는 부동산을 임대해 소득이 발생했을 때 부과되는 세금이다. 합산된 소득이 많을수록 높은 세율이 적용된다. 종합소득세(종소세)는 국세다.

현재 투자할 만한 부동산이 있나요?

참으로 막연하지만, 부동산 투자와 관련해서 가장 많이 듣는 말이다. 나는 직업의 특성상 늘 당시에 투자하기 가장 좋은 물건을 하나씩 머리에 입력해두곤 한다. 그런데도 "조금만 기다려 보시면 어떨까요?"라고 말할 수밖에 없는 경우가 있는데, 이는 부동산 가격이 안 좋아지고 있을 때다. 베테랑 투자가들은 부동산 경기가 안 좋을 때 보유하고 있는 넉넉한 자금으로 물건을 골라가며 줍줍(가격이 떨어졌을 때 저렴하게 사들이는 행위)을 한다. 이유는 부동산의 경기가 안 좋을 때는 불경기가 지속되어 가격은 한없이 떨어질 것으로 생각하지만, 베테랑 투자자들은 부동산의 경기도 어느 정도만 기다리면 반드시 좋아질 거라는 것을 알기 때문이다. 그래서 기다린다. 그러나 대부분의 투자자는 경기가 안 좋을 때는 투자를 하지 않는다. 그나마도 투자를 해볼까 하고 방문하는 투자자들은 빠른 시간 안에 수익을 보려고 한다. 부동산 경기가 좋을 때도 부동산 투자는 지긋하게 기다려야 수익이 발생하는데, 하물며 경기가 안 좋을 때야 오죽하겠는가.

항상 투자할 부동산은 있다. 단지 내가 투자할 수 있는 자금과 시간적 여유, 원하는 수익을 줄 수 있는 물건을 찾아야 한다.

출처 : https://unsplash.com

부동산 경기가 안 좋을 때는 오히려 투자할 물건들을 쉽게 찾을 수 있다. 아파트 당첨이 얼마나 어려운가. 당첨을 위한 청약 관련 서적도 출간되고, 경쟁률은 몇천 대 일이라는 소리도 꽤 들어봤을 것이다. 그러나 경기가 안 좋을 때는 미분양이 속출해 베테랑 투자자들은 쉽게 물건을 잡기도 하고, 급매물들을 중심으로 매입한다.

지금은 전매제한이 있어 전매는 할 수 없지만, 전매가 가능할 때는 마이너스 프리미엄의 물건들이 시장에 나오기도 했다. 여러 면에서 좋은 물건이라고 판단됐던 상가들도 할인 분양이 이루어지기도 한다. 이를 유용한 기회로 삼아 투자하는 사람들이 있다. 투자한 물건이 좋은 물건이라 판단된다면, 경기의 흐름에 흔들리지 말고 기다려 보자. 좋은 물건은 좋은 결과를 가져다줄 것이다. 부동산 투자는 어렵고 복잡해서 방법을 습득하고 실전에 들어가도 실패를 겪을 수 있다. 하지만 그보다도 더 걱정되는 것은 투자를 전혀 하지 않으려고 하는 사람이다. 귀 닫고, 눈 감고, 자신과 관계없는 일이라고 다른 세상 보듯이 보는 사람들 말이다.

향후 트렌드로 볼 때 수익성이 좋은 물건은 무엇으로 판단해야 할까요?

　수익형 부동산의 트렌드는 계속해서 변해왔다. 한때는 상가에 투자하는 것이 수익형 부동산 투자의 대명사였고, 또 한때는 오피스텔이, 또 얼마 전까지는 지산이 대세였다.

　정부의 정책에 따라 분양이나 매입가에 비해 수익률이 높다 싶으면 정보에 빠른 투자자들은 즉시 투자에 나섰고, 이것이 투기로 번진다 싶으면 정부는 얼른 또 다른 정책을 내놓곤 한다.

　그래도 우리나라는 아파트가 가장 안정적이다. 정부의 부동산 정책 중 주택공급 조절은 아파트를 중심으로 이루어지고 있다. 이러한 면에서 월 수익은 물론, 자본이득 면에서도 현재 시점에서는 최선의 물건이다.

출처 : 필자 제공

한때는, 그래봐야 7~8년 전이지만 다가구주택, 상가주택이 수익형 부동산으로 인기를 누린 적이 있었다. 다가구주택이나 상가주택 1채가 1가구에 해당이 되는데, 세를 놓을 수 있는 가구나 상가는 총 6개에서 7개다. 구도심의 경우에는 원룸만 12개에서 16개 이상도 된다. 무엇보다 토지를 적어도 50평 정도에서 100평 이상까지도 확보할 수 있다. 이만한 수익형 부동산이 어디 있을까 싶어 정말이지 짓기만 하면 팔린다는 말이 있을 정도로 인기가 많았다.

지금의 시대에는 전세사기가 기승을 부리면서 실질적으로는 다세대주택에서 이루어졌던 범죄가 권리 분석이 어려운 다가구주택에 영향을 미쳐 본의 아닌 전세사기 임대인이 나올 지경이다. 요는 전세자금대출 조건이 더 까다로워져 잘 나가던 전세가 안 나가면서 임차인이 원하는 시기에 제때 보증금 반환이 이루어지지 못하게 된 것이다. 이에 이것이

전세사기가 아닌가 싶은 임차인들의 의심은 가중됐고, 그로 인해 법적 다툼이 생겨났다.

은행에서도 대출에 필요한 권리 분석이 복잡해 다가구주택 물건은 회피하는 경우가 많다. 대출이 가능하다고 해도 권리 분석이 복잡하고 까다로워 임차인들조차도 이 집은 문제가 있는 집이라고 생각한다. 당연히 권리 분석이 단순한 아파트로 임차인이 몰리면서 아파트 임대료는 계속해서 오르는 중이다. 현재의 다가구주택은 수익형 부동산으로써의 인기가 저물어가고 있다.

출처 : 필자 제공

결론적으로 수익형 부동산은 정책이나 이슈에 따라 수시로 바뀔 수 있다. 평소에도 정책 변화에 따라 조건을 면밀하게 따져 투자해야 한다. 정책은 자주 바뀐다. 정책에 따라 물건 및 상황마다 달라질 수 있으므로, 유연한 생각을 갖고 투자에 임해야 한다.

지금 투자한다면
무엇이 가장 좋을까요?

　부동산 시장은 정책에 따라 호황과 불황을 넘나든다. 정책의 개입이 많다는 것은 그만큼 부동산이 국가 경제에 큰 영향을 미친다는 것이다.
　때를 잘 만났던 부동산의 수익은 불로소득이라는 말을 들을 만큼 쉽게 많은 돈을 벌게 하기도 했다. 순전히 주관적인 생각이지만, 이것은 불로소득이라고만 판단할 수 없었다. 이는 부동산 투자를 열심히 하고, 부동산으로 부를 축적해온 사람들을 접하며 느낀 생각이다. 중개업을 운영하는 나보다도 더 부동산 관련 지식이 풍부했으며, 물건을 선택하는 방법에도 자신들만의 노하우가 있었다. 주말이면 부부가 함께 부동산 아이쇼핑을 다니며 실물을 접하는 공부도 하고, 지역마다 발품을 팔아 향후 지역 발전 방향성에 대해 모색하며 투자 가치를 분석하기도 했다. 그들이 선택해 투자한 물건들은 당연히 그들의 부를 창출해줬고,

그것은 그들이 그동안 노력해온 대가라고 생각했다. 물론 그 대가가 다른 노동에 비해 클 수는 있어도 최소한 불로소득은 아니라는 것이다. 또한 그 부동산을 유지, 관리하기 위한 수고도 분명히 따르는 것이니 말이다.

출처 : https://pixabay.com

그나저나 "지금 투자한다면 무엇이 가장 좋을까요?"에 대한 답은 먼저 현재 나의 재정 상태와 상황을 봐야 한다.

예를 들어서 어느 정도 아파트 가격이 오른 시장 상황에서 이미 오른 아파트 가격은 당분간은 오르지 않는다고 가정해보자. 현재 거주하는 아파트를 정리해서 무언가를 해보고자 해도 거주할 집은 꼭 필요한 상황이다. 그래서 이러지도 저러지도 못하는 경우가 많지만, 과감한 투자를 할 마음이 있다면 아파트를 정리하고 상가주택으로 갈아타는 것을 권유해볼 수 있다. 일단은 상가주택에 거주하면서 받는 월세로 대출이자와 생활비의 일부를 감당할 수 있다. 무엇보다 상가주택은 아직 오르지 않았다는 것이 중요하다. 그렇다면 상가주택은 왜 아직 오르지 않은 것일까?

한참 임대가격이 오를 때는 임대가격이 현실적으로 반영되지 않았었다. 6년을 거주한 임차인이라도 임대차 3법에 의한 계약갱신청구권으로 인해 한 번은 5%만 인상해서 재계약을 할 수 있었다. 임대차 3법이 종료되는 시점에서는 전세사기로 인해 권리 분석이 어려운 다가구주택이나 상가주택은 찬밥 신세였다. 팔고자 하는 건물주는 매매가격을 올리자니 올리지 못한 임대 보증금으로 인해 실제 투자금이 너무 커져 가격만 올릴 수는 없었다.

다른 면에서 생각해보자. 상가주택은 내가 살 집과 대출이자, 생활비 일부가 해결만 된다면 일차적인 문제는 해결된다. 또한 토지를 최소 50평 이상 확보하는 다가구주택이나 상가주택의 가격이 항상 제자리걸음일 리는 없다. 한때는 1주택 소유로 임대 사업을 동시에 할 수 있다는 장점으로 무섭게 매매가 되기도 했으니 혹시 지금이 갈아탈 좋은 기회는 아닐까?

대신 상가주택이나 다가구주택에 투자할 때는 임차인이 다수이므로, 드나드는 보증금에 유연하게 대처할 수 있도록 자금 관리에도 신중해야 한다.

출처 : https://pixabay.com

또 다른 경우로 사회 초년생이어서 모아 놓은 돈은 얼마 없고, 추후 아파트 당첨 기회는 놓고 싶지 않아 갭 투자도 할 수 없는 상황을 가정해보자. 소득 대비 주거비용이 차지하는 지출이 많아 주거비용이 그냥 버리는 돈이 되어버릴 때는 소형 신규 오피스텔을 분양받거나 매입하기를 권한다. 단지 주의할 점은 오를 만한 위치여야 한다는 것이다.

요즘 이런 상황들을 종종 접한다. 어렵게 청약에 당첨됐는데 분양가격이 너무 비싸 포기해야 하는 상황 말이다. 청약 당첨과 동시에 자금 능력도 준비해야 하는데, 스스로 적금을 들어 집 살 돈을 모은다는 것은 한계가 있다. 매월 100만 원씩 적금을 든다면 매월 100만 원의 불입금을 납부하기 위해 허리띠를 졸라매는 생활을 한 2년 후에는 2,400만 원 조금 넘는 돈을 모을 수 있다. 이 돈은 모으기는 아주 어렵지만, 막상 무언가를 하기에는 애매한 금액이다. 그래서 보통은 어렵게 모은 돈을 소모적인 것에 지출해버리는 경우가 대부분이다. 차를 뽑는다든가, 지인에게 돈을 빌려주는 등 그냥 돈이 부서져버리는 상황이 되어 그 이후에는 어렵게 목돈을 만들려고 노력하지 않게 된다. 그러나 투자에 관심이 있는 사람이라면 여기서 작은 오피스텔에 투자를 시작한다. 추후 주거 문제도 해결하고 아파트가 5억 원씩 오를 때 이 작은 오피스텔은 비록 5,000만 원만 오른다고 해도 애초 전혀 투자하지 않은 사람보다는 투자 수익이 발생하니 이 수익금으로 또 다른 투자를 시도해볼 수 있는 것이다.

내가 잘 쓰는 말이 있다. 어느 누가 강남에 투자하고 싶지 않겠는가. 큰 것만 바라보다가는 영원히 투자를 못 하게 된다. 1등, 2등의 물건에 투자할 형편이 안 되면, 형편에 맞게 7등, 8등 물건에라도 반드시 투자하기를 권유한다.

투자도 학습과 경험을 통해 실력을 쌓을 수 있다. 지금 투자해야 할 적절한 물건을 선택할 때는 내 형편에 맞는 것 중 조건이 좋은 물건을 찾아야 한다. 부동산 정책과 매입 조건이 좋은 물건 말이다.

34
주변시세를 보는데도 방법이 있나요?

　투자에 있어 주변시세를 알아보는 것은 아주 중요한 작업이다. 대부분의 사람들이 투자하고자 하는 물건의 주변시세를 알아보기 위해 가장 먼저 하는 것은 부동산 중개사무소에 방문해서 시세를 알아보고, 실거래가격을 조사한다. 이는 매우 중요한 작업이라서 투자에 있어 필수적으로 선행되어야 한다. 이 중 주변 부동산 중개사무소에 발품을 팔아 일일이 궁금한 것을 알아보는 작업은 반드시 필요하다. 가끔은 잘 알려주기 싫어하는 공인중개사를 만나 곤란함을 겪을 때도 있지만 말이다. 아파트의 경우는 시세가 거의 균등하지만, 상가는 골목 한 개를 사이에 두고도 임대료 차이가 크게 나기 때문에 발품을 팔아서라도 구체적인 가격 조사를 해야 한다.

출처 : 부동산 플래닛(좌), 디스코(우)

실거래가격 조사에서 주의해야 할 한 가지는 특수거래(정상적 거래가 아닌 가족 간 거래나 다운 계약 등)에 의한 가격이다. 신고된 실거래가격이 터무니없이 차이가 나는 경우는 특수거래로 간주해볼 만하다. 특수거래 가격과 시장가격의 차이를 인정하지 못해서 좋은 물건을 놓치는 경우도

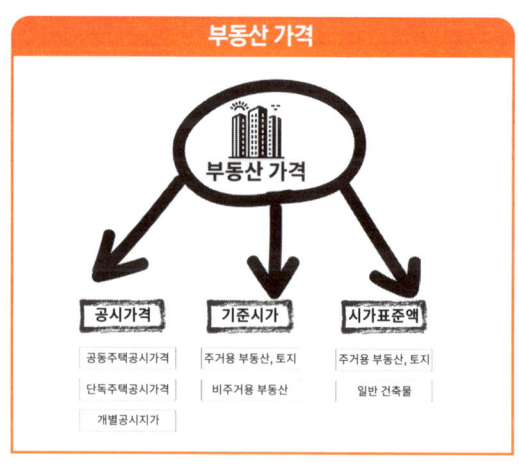

출처 : 필자 제공

있을 수 있으니, 주의를 요한다.

　부동산 탐문조사도 실거래가격 조사도 완벽하게 이루어졌다면, 원하는 물건의 현재 시점의 가격을 인터넷 광고 중인 물건을 통해 알아볼 수도 있다. 이 정도면 주변시세를 아는 데 부족함이 없을 것이다.

- 공시가격 : 정부가 조사·산정해 공시하는 가격. 정부가 매년 전국의 대표적인 토지와 건물에 대해 조사해 발표하는 부동산 가격. 특히 땅에 대한 공시가격을 '공시지가'라고 한다.
- 기준시가 : 부동산이나 특정 점포 이용권을 팔거나, 상속 또는 증여할 때 각종 과세액을 부과하는 기준이 되는 가격.
- 시가표준액 : 부동산에 관해 취득세, 재산세, 등록세 등의 지방세를 책정하기 위해 정부에서 기준으로 설정한 가격(공시지가).

향후 입지 조건에 대한 설명 좀 해주세요

부동산 투자는 워낙 장시간을 요하는 상품이라 투자하고자 하는 물건의 미래 입지에 대한 조사를 해봐야 한다. 요즘은 정책이 자주 바뀌어 공인중개사들이 갖고 있는 정보도 서로 다를 때가 있는데, 이마저도 복불복 아닌가 하는 생각도 든다.

예를 들면, ○○역에 노선이 추가된다고 해서 발전 가능성을 염두에 두고 있었는데, 그 노선은 지지부진 소식이 없고 생각지 않은 곳에 역이 신설되고 선호되는 노선이 들어오기도 한다. 이런 경우가 생각보다 비일비재하다.

그럼에도 투자 당시에 내가 투자하는 물건의 향후 입지에 대한 정보를 고려하지 않을 수 없다. 그렇다면 향후 입지 조건이 어떠한 물건에 투자하는 것이 합리적일까? 지금까지의 경험상 이러니저러니 해도 역세권 물건이다. 아파트든지, 지산이든지, 해당 물건이 역세권이면 현재 가격에 이미 반영되어 있긴 하지만, 역세권이라는 장점은 가격이 더 상승할 수 있는 여지를 준다. 또한 향후 역이 들어설 예정이라는 정보도 입지로 최고다. 같은 역세권이라도 노선에 따라 가격에 미치는 영향이 다르다. 몇 호선이 지나는 구간인지, 환승역인지에 따라서 말이다.

그다음이 도로와의 관계, 역시 교통 문제다. 우리나라는 아직, 아니 향후에도 서울 출근이 많아 교통은 투자에 있어 가장 중요한 투자 근거라고 할 수 있다. 또한 주거용으로 투자하려는 경우는 학군도 좋은 정보에 들어간다. 아이를 좋은 학업 환경에서 키우고자 하는 부모들이 수요자이며, 내로라하는 학원들이 입점하니 시너지 효과는 더욱 증대된다. 다음은 먹고살 거리가 얼마나 많을지도 중요한 투자 근거다. 바로 직장과 주거지가 가까이에 있는 정도, 직주근접이다. 반드시 서울로 출근해야 하는 경우가 아니면 살고 있는 집 근처에서 일하며 살 수 있다

직주 근접성

출처 : 필자 제공

는 것, 이 또한 입지 조건으로 훌륭하다.

　현재 나열한 것들이 거시적인 부분의 입지 조건이라면, 미시적인 부분의 입지 조건은 해당 물건의 위치로 설명할 수 있다. 거시적인 부분에서 비슷한 조건의 입지에 있는 부동산들은 오를 때 같이 오르고 내릴 때 같이 내리는 것이 일반적이지만, 미시적인 위치에 따라서는 꽤 많은 가격의 차이를 보이기도 한다. 예를 들어 한 동네의 상가주택을 생각해보자. 남향에 개방감이 있는 건물과 바로 뒤 블록이지만 건물 사이에 끼어 있다든가 일조권이 좋지 못한 경우, 두 건물의 매매가격은 몇억 원의 차이를 보인다. 이러한 부분 때문에 거시적인 입지와 미시적인 입지를 모두 고려해야 한다.

36
여기 개발가능성은 있나요?

투자하고자 하는 물건의 개발가능성은 가장 중요한 투자 요건이기도 하다. 여기서 개발의 범위는 다양하다. 가장 쉽게 접근하는 개발이 신도시와 같이 대대적인 개발이고, 작게는 주변의 교통 인프라 계획도 개발이라고 할 수 있다. 또한 주변에 방송국이 들어온다든지, 그로 인해 시장이 살아날 수 있는 개발 등이 있다.

다음의 그래프를 보면, 행정구역이 확대되고 강남이 개발되면서 서울 인구가 급격히 증가하게 되면서 주택난을 해소하기 위해 1기 신도시를 개발한 것을 알 수 있다. 이에 따라 서울 인구가 1기 신도시로 분산되면서 감소했다. 개발로 인한 인구 증가와 감소를 확인할 수 있는 대목이다.

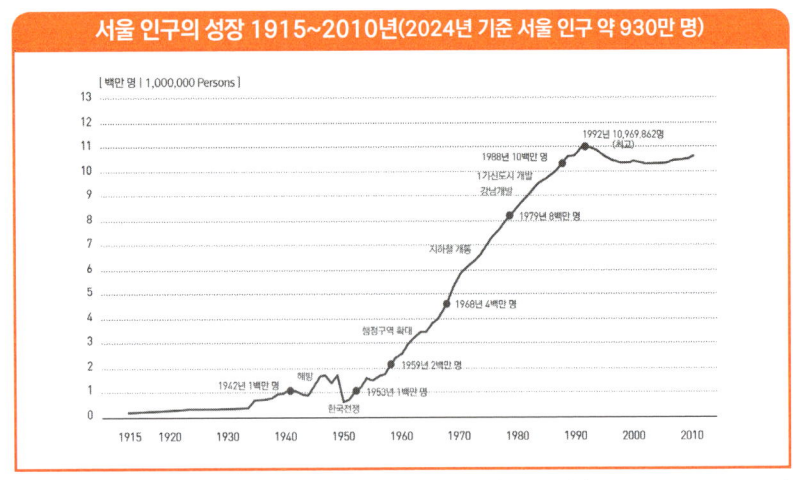

출처 : 서울정책아카이브(https://seoulsolution.kr)

당연히 투자할 물건을 선택할 때는 개발가능성에 대해서 질문해야 한다. 이는 자산 가치에 가장 큰 영향을 주기 때문이다.

그러나 눈으로 개발될 것이 보였을 때는 이미 웬만한 개발은 확정된 상태라는 것을 알아야 한다. 그래서 신중히 투자해야 한다. 추가적인

출처 : 한국토지주택공사

개발이 있다고 해도 이미 가격에 그 개발의 호재가 반영되어 있을 수 있기 때문이다.

개발가능성에 관해 관심을 두는 이유는 부동산의 자산가치 상승에 대한 기대는 물론, 임대수익과도 직접적인 관계가 있기 때문이다. 그러므로 개발가능성에 대해서 상담할 때는 개발에 관한 내용을 대중소로 분류해 머릿속에 정리하고, 내 부동산에 얼마나 어떤 방식으로 영향을 줄 수 있는지 파악하는 게 중요하다.

예를 들면, 지구단위계획에 의해 지구가 형성되어 아파트들을 분양하고, 오피스텔이 들어오며, 상가들이 들어올 때는 이미 가장 큰 개발계획은 확정된 것이다. 다음 단계의 개발로 볼 수 있는 것이 교통인프라나 관공서가 추가로 들어온다는 정도가 될 것이다.

그렇다면 현 단계에서 호재가 될 수 있는 것이 무엇인지를 생각해볼 수 있다. 내가 표현하는 소 단계의 개발은 내 부동산 주변에 버스정류장이 들어온다든지, 공원 조성을 위해서 시에서 얼마의 예산이 배정됐다든가 하는 등이다. 이러한 단계별 개발가능성을 부동산과 접목해 머리에서 그림을 그려 투자하기를 바란다.

보증금 1,000만 원이
월세 10만 원꼴인가요?

보증금을 월세로 환산하는 환산율은 보통 은행 금리의 영향을 받는다. 여기서 보증금을 월세로 환산하는 방법은 전월세 전환율을 계산하는 법정 전월세 전환율과는 별개다. 법정 전월세 전환율은 계약갱신청구권에 의한 주택임대차보호법에 따른 재계약 시에 적용해 임대료를 책정하거나 상가임대차보호법에 의한 상가 월 차임 인상 시에 적용되는 것이다.

여기서 설명하고자 하는 전환율은 수익형 부동산에서 이익을 얻기 위해 일반적으로 시장에서 시세를 계산할 때 적용되는 것이다.

> **전월세 전환율이란?**
>
> 전세에서 월세로, 월세에서 전세로 전환 시,
> 또는 보증금과 월세 조정 시,
> 적정 금액을 계산하기 위한 비율

물건을 시장에 내놓을 때는 가격을 책정해야 하는데, 현재의 전세가격을 바탕으로 월세로 전환했을 때 월세를 얼마 받을 수 있을지 계산하기 위해 시장에서 사용되는 현실적인 방법이다. 은행 금리가 저금리일 때는 보증금 1,000만 원을 월세 5만 원으로 환산한다. 저금리 시대에 점차 금리가 올라가고 있는 상황에서는 갑자기 월세 전환율을 높이기는 곤란해 점진적으로 올리는 과도기적인 시간을 갖기도 한다. 전세가격이 폭등할 때는 현실적인 월세 전환율이 현저히 떨어지는 경우도 있다.

예를 들어 기존의 전세가격이 3억 원이었다. 3억 원의 전세보증금을 1억 원으로 줄이는 경우 월세는 100만 원이 된다. 보증금 1,000만 원이 월세 5만 원으로 환산되는 것이 맞다.

전세보증금 3억 원

= 보증금 1억 원

(나머지 보증금 2억 원에 대해서는 월 차임 100만 원)

그러나 물건의 전세가격이 3억 원에서 4억 5,000만 원으로 갑작스럽게 인상된 경우 기존 전환율로 전환한다면 보증금 1억 원에 월 차임 175만 원이 된다. 갑작스럽게 높아진 월세에 임대가 어려워지는 경우도 있다. 그래서 월세가 무리라고 생각하는 임대인들은 쉽게 기존 전환율을 적용하지 못하고 더 낮은 전환율을 적용하게 된다.

실질적으로는 보증금 1억 원에 월세 120만 원 정도로 전환한다. 행동경제학적[9] 요소가 반영됐다고 할 수 있다.

따라서 보증금 1,000만 원이 월세로 전환해 10만 원이라고 정해진 것은 없다. 시장 상황에 따라 탄력적으로 적용하되 대략 이러한 틀 안에서 정해진다는 것이다.

---

[9] 행동경제학(行動經濟學, behavioral economics)은 주류경제학의 '합리적인 인간'을 부정하는 데서 시작하지만, 그렇다고 인간을 비합리적 존재로 단정 짓는 것은 아니다. 다만 온전히 합리적이라는 주장을 부정하고, 이를 증명하려는 것이 행동경제학의 입장이다. 경제주체들이 제한적으로 합리적이며 때로는 감정적으로 선택하는 경향이 있다고 주장한다(출처 : 위키백과사전).

기존에 있던 부동산을 팔고 다른 물건으로 갈아타는 게 맞는 건가요?

주변에서 부동산 투자 운영을 잘해서 부를 축적한 사람들을 보면, 파도를 타듯 흐름을 잘 타서 매도와 매수를 반복했다. 아무리 분석을 통해 매도와 매수 시점을 정확히 파악했다고 해도 유동성이 많은 부동산 시장에서 정확한 판단은 어렵다. 이 또한 어느 정도 운이 따라야 한다는 것이 나의 생각이다. 모든 투자에는 리스크가 따른다. 따라서 최선의 분석으로 리스크를 최소화하는 것이 자산을 보호하고 부로 들어가는 열쇠일 것이다.

아파트가 유행하거나 전원 단지가 유행하는 등 변화가 발생하면, 갈아타야 한다는 말이 돌기 시작한다. 그러면 이와 비슷한 물건을 보유하고 있는 사람들은 그 말에 흔들려서 정확한 흐름의 변화에 대한 이유도

출처 : https://www.bing.com/images/create

따져보지 않고, 이들의 코스를 밟으려고 한다.

모두가 움직이는 대열에 참여하지 않으면 뭔가 불안하기 때문일 것이다. 갈아타기의 잘못된 방법으로, 기존 물건을 훌쩍 팔아버리거나 갈아탈 물건을 미리 분양 받아놓기도 한다. 그러고는 기존 물건을 정리해야 하는 시점에서는 뜻대로 정리가 안 되어 전전긍긍하다가 낭패를 겪기도 한다. 아니면 기존 투자 물건보다 덩치만 커지는 물건에 투자하기 위해 기존 물건을 정리하고는 그보다도 못한 지역으로 덩치만 커져 옮기는 경우도 간혹 현장에서 목격하게 된다.

갈아타는 방법은 여러 가지가 있지만, 주변에서 잘했다고 하는 갈아타기 투자의 예를 들어보겠다. A투자자는 평소 빌라나 소규모 투자처에 투자했던 분이다. 현재의 집을 마련하기까지 아마도 형제들은 다소 저렴한 빌라에 각자 전세로 살고 있었으리라 예상된다. 가격은 정확히 들지 못했지만, 형제들이 저렴한 빌라들을 전전하며 옮겨 다니다가 함께 모여 상가주택 부지를 대출을 안고 매입했다. 건물이 완공되자 각각의 호실에 입주했고, 남은 호실은 임대를 줬다. 1층 상가는 직접 사용해 상가 매출로 이자를 충당했다. 이후 상가주택의 가격은 쭉 올라갔고, 형제들은 주거 안정을 찾았다. 효율적으로 자산을 운영한 좋은 예다.

반면 나쁜 사례도 있다. B투자자는 서울 인접 지역에 아파트를 분양받았다. 아파트 가격이 많이 오르자 즉시 이 집을 정리하고, 가격이 안 오르기로 유명한 지역으로 평수를 대폭 늘려 이사했다. 이후 정리했던 기존 주택의 가격은 지속적으로 올랐고, 갈아탄 지역의 가격은 아주 미미하게 움직였다.

갈아타는 방법은 좋은 투자 방법이기는 하다. 상황마다 모두 예를 들어 설명할 수는 없지만, 시장의 현재 상황을 보고 한 단계 점프할 수 있는 기회인지를 봐야 한다. 그래서 주변에 믿을 만한 공인중개사가 있다면 이럴 때 큰 도움이 된다. 보통은 책임감을 느끼고 공인중개사가 일련의 일들을 모두 처리해주곤 하기 때문이다.

예를 들면, 투자자가 보유하고 있는 아파트 가격이 갑자기 올랐을 때 훨씬 큰 대지를 보유하고 있는 꼬마빌딩은 오르지 않았다고 하자. 생각보다 작은 투자금으로 평소 꿈도 못 꿨던 꼬마빌딩으로 갈아탈 수 있는 황금 같은 기회가 오기도 한다. 또는 같은 평수의 아파트지만 무리 안 되는 자금과 대출 이용으로 가격 상승 폭이 좋은 지역으로 이주할 기회도 있다. 지역 갈아타기가 아니더라도 인기 좋은 평형대로 옮겨갈 기회

등도 있을 수 있는데, 능력 있는 공인중개사는 다양한 기회를 포착해서 알려줄 수 있다. 이 외에도 여러 예가 있지만, 갈아타기 방법은 상황에 맞는 맞춤 전략이 필요하다.

웬만한 것은 정리하고 '똘똘한 것 하나'만 두라는데 이게 무슨 뜻인가요?

부동산 투자를 꼭 양으로 따질 것은 아니지만, 얻는 수익에 비해 신경 쓸 일이 많거나 소모되는 시간이 많다면 간결하게 정리하는 게 낫다는 의미에서 나온 말이다. 부모로부터 물려받은 재산으로 시작하는 것이 아니면 누구나 처음에는 아주 작은 것부터 시작하게 되므로, 점점 재산을 늘리기 위해서는 적절한 갈아타기도 필요하고 '똘똘한 것 하나'만 두라는 시기가 오기도 한다.

이것이 필요한 이유는 관리의 문제가 따르기 때문이다. 고객들에게 권하는 부동산 투자 방법 중 하나가 투자 물건은 내가 관리할 수 있는 범위 안에 있어야 한다는 것이다. 물론 가만히 둬도 저절로 오르고 매도, 매수할 타이밍도 절묘하게 따지지 않아도 돈이 되어주는 물건도 있다. 이러한 물건은 투자에 성공했을 때의 이야기이고, 우리는 초보 투자자라는 것을 명심하고 진행해야 한다. 세상이 좋아져서 시세도 인터넷으로 알아볼 수 있고 웬만한 의뢰도 비대면으로 가능하지만, 작게 시작한 투자에 성공하기 위해서는 디테일이 필요하다. 가능한 한 정확에 가까운 시세 정보로 수시로 변동하는 가격에 대응해 수익률을 최대치로 올릴 수 있어야 하며, 이를 토대로 시장의 흐름을 파악해 매도, 매수 시점도 결정해야 한다.

출처 : https://www.bing.com/images/create

처음 투자를 시작했을 때는 보통은 덩치가 작은 것부터 시작하게 되는데, 투자에 어느 정도 눈을 떴을 때는 이러한 물건들이 자잘하게 느껴져서 관리가 소홀해지기 마련이다. 아이가 어렸을 때는 태권도를 해서 받아왔던 상들이 엄청난 감동으로 만족감을 줬다면, 잘 자라준 아이가 이제는 서울에 있는 대학에 진학하기를 바라고, 좋은 직장에 취업하기를 원하는 것과 비슷하다. 기대치가 달라지는 것이다. 부동산 투자도 마찬가지다. 적절한 수익을 줬던 작은 투자처에서 좀 더 큰 수익의 기대가 생기는 것이다. 이러한 경지에 오른 상황에서는 똘똘한 것들로 정리해나가는 것도 좋은 방법이라고 생각한다. 주의할 점은 정리하는 과정에서 물건을 잃지 않아야 한다. 작은 물건들을 정리해 목돈을 만드는 과정에서 부서지는 돈들이 생길 수 있다. 부동산 투자에서뿐만 아니라 돈이라는 것이 부서지는 것은 순간이라는 것을 명심하자.

여러분의 개인적인 부동산 투자 성향을 아는 것은 성공적인 투자를 위한 시작이 될 것이다. '나의 부동산 투자 성향 분석'을 체크해보고, 나의 성향을 먼저 이해하도록 하자. 사용 방법은 문항별로 선택한 번호를 기록하고, 점수표에 점수를 합산한 후 환산 점수대별로 도출된 투자 성향을 참고하면 된다.

나의 부동산 투자 성향 분석

1. 당신의 연령대는 어떻게 됩니까?

    ① 19세 이하   ② 20세~40세

    ③ 41세~50세   ④ 51세~60세

    ⑤ 61세 이상

2. 투자하고자 하는 자금의 투자 가능 기간은 얼마나 됩니까?

　① 6개월 이내　　　　② 6개월 이상~1년 이내

　③ 1년 이상~2년 이내　④ 2년 이상~3년 이내

　⑤ 3년 이상

3. 나의 투자 경험과 가장 가까운 것은 어느 것입니까?

　① 은행의 예/적금, 국채, 지방채, MMF, CMA 등

　② 빌라, 아파트, 오피스텔

　③ 단지 내 상가, 근린상가, 상가주택

　④ 아파트형 공장, 테마형 상가, 상가 경매, 신탁 공매

　⑤ 토지, 숙박시설, 주유소, 경매 특수물건

4. 투자에 대한 본인의 지식수준은 어느 정도라고 생각하십니까?

　① 매우 낮은 수준(투자 결정을 스스로 내려 본 경험이 없다)

　② 낮은 수준

　③ 높은 수준

　④ 매우 높은 수준(지역분석 및 상권 분석에 능통하다)

5. 현재 투자하려는 자금은 전체 자산 중 어느 정도의 비중을 차지합니까?

　① 10% 이내　　　　② 10% 이상~20% 이내

　③ 20% 이상~30% 이내　④ 30% 이상~40% 이내

　⑤ 40% 이상

6. 당신의 수입원을 가장 잘 나타내고 있는 것을 고르세요.

　① 현재 일정한 수입이 발생하고 있으며, 향후 현재 수준을 유지하거나 증가할 것으로 예상된다.

　② 현재 일정한 수입이 발생하고 있으나, 향후 감소하거나 불안정할 것으로 예상된다.

　③ 현재 일정한 수입이 없으며, 연금이 주 수입원이다.

　④ 현재 일정한 수입이 없으며, 비정기적 수입원이다.

7. 감수할 수 있는 투자 손실 수준은 어느 정도입니까?

　① 무슨 일이 있어도 투자한 원금은 보전되어야 한다.

　② 10% 미만까지는 손실을 감수할 수 있을 것 같다.

　③ 20% 미만까지는 손실을 감수할 수 있을 것 같다.

　④ 기대 수익이 높다면 위험이 커도 상관하지 않겠다.

문항별 점수표

구분		문항						
		1번	2번	3번	4번	5번	6번	7번
보기	①	12.5점	3.1점	3.1점	3.1점	15.6점	9.3점	−6.2점
	②	12.5점	6.2점	6.2점	6.2점	12.5점	6.2점	6.2점
	③	9.3점	9.3점	9.3점	9.3점	9.3점	3.1점	12.5점
	④	6.2점	12.5점	12.5점	12.5점	6.2점	1.8점	18.7점
	⑤	3.1점	15.6점	15.6점	−	3.1점	−	−

점수별 투자 성향

투자 성향	점수
1. 안정형	20점 이하
2. 안전 추구형	20점 초과 ~ 40점 이하
3. 위험 중립형	40점 초과 ~ 60점 이하
4. 적극 투자형	60점 초과 ~ 80점 이하
5. 공격 투자형	80점 초과

출처 : 전국투자자교육협의회(https://www.kcie.or.kr)

40
평당 가격으로 계산하면 분양가격과 안 맞아요

잘 모르겠다는 것은 분양가격만이 아니다. 가끔 매매가격도 전체 매매가격을 말하지 않고 "평당 얼마입니다"라고 들으면, 보통은 전체 평수에 평당가를 곱하는데 이 가격은 분양가격이나 매매가격과 맞지 않는다.

이는 전용면적(아파트 따위의 공동주택에서 출입구, 엘리베이터, 계단 등 공용면적을 뺀 나머지 바닥면적)에 평당가를 적용했기 때문이다. 전용면적은 말 그대로 우리가 전용으로 사용하는 것으로 거실, 주방, 화장실, 침실 등을 말한다. 반면 공용면적은 여러 세대가 함께 쓰는 공용공간으로 엘리베이터, 복도, 계단, 단지 내 관리사무소, 커뮤니티 시설 등이다.

전용면적과 공용면적을 합쳐 계약면적이라고 한다. 우리가 흔히 알고 있는 베란다는 아파트를 분양할 때 주택사업자가 제공하는 면적으

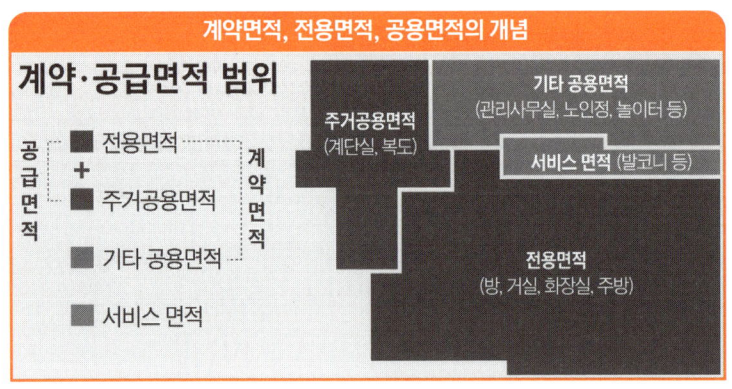

출처 : 한국토지주택공사(https://seereal.lh.or.kr)

로 용적률, 전용면적, 공용면적, 분양면적, 계약면적 등 어디에도 포함되지 않고 서비스면적이라고 부른다.

계약면적이 분양면적이어서 평당가를 분양면적, 계약면적에 적용해야 하는데, 전용면적에 적용해 분양가격이 안 맞는 것이다.

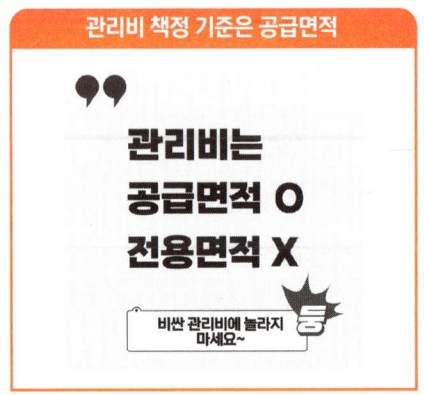

출처 : 필자 제공

그러면 전용면적을 알아본 김에 전용률에 대해서도 알아보자. 일반적으로 아파트의 전용률이 70~80%, 주상복합이 60~70%, 오피스텔과 상가가 50% 내외로 나온다. 요즘 트렌드인 아파텔의 경우는 보통 55% 안팎인데, 60% 이상 나오는 경우도 있다.

전용률이 높다는 것은 계약면적에서 우리가 사용하는 면적이 더 넓다는 것으로, 같은 평수여도 '아파트가 오피스텔에 비해 더 넓다'라는 말이 나오는 이유다. 같은 평수를 분양받아서 같은 값을 지불한다고 하더라도 우리가 사용하는 면적이 더 넓은 것이다.

41
분양을 받거나 매입할 때 로열층이 아니면 포기하는 게 맞을까요?

로열층이 아니라는 문제로 계약을 포기하는 분들을 종종 봤다. 분양이든, 매입이든 꼭 로열층만 선호하시는 분들이 있다. 이는 개인의 취향이라고 생각한다. 빗대어 말하자면 인기 많은 옷을 구매했지만 아무리 봐도 내 마음에는 내키지 않는다면, 그 옷은 볼 때마다 그냥 애물단지다. 그 옷은 잘못 산 옷이 된다. 물론 옷과 부동산을 비교하기에는 스케일이 다르지만, 마음은 비슷하다.

나의 취향은 최선의 선택이 불가능한 경우 차선까지는 용납된다. 즉, 최선이 로열층이면, 차선은 그 언저리까지로 마음을 둘 수 있다는 것이다.

요즘에는 최상층을 펜트하우스(penthouse)로 분양하거나 1층은 테라스 또는 집 앞 정원으로 꾸며 분양하기도 한다. 이를 선호하는 사람들

출처 : 필자 제공

을 타깃으로 해서 인기를 끌고 있다. 로열층에 대한 인식도 달라져 전체 중 중간층을 로열층이라고 생각했던 것과는 달리 요즘은 최상층의 바로 아래층까지를 로열층으로 여기며, 층이 높을수록 선호도가 높아지는 추세다. 일반적으로 선호도가 낮은 저층의 경우 거래되는 가격이 로열층보다 다소 낮은 편이긴 하지만, 가격의 문제를 떠나서 거래 자체가 성사되기 어렵다. 부동산 경기가 호황일 때나 매도자 중심의 거래가 비일비재할 때는 가능할 수 있다.

여기에 로열동까지 말하자면 전망이 잘 나오는 로열동의 저층은 일반동의 로열층의 가치를 충분히 발휘한다. 일반동의 로열층과 로열동의 로열층의 가격 차이는 생각보다 많이 난다. 로열동의 경우에는 매물이 귀하기 때문에 매수자가 원한다고 쉽게 얻을 수가 없다. 그래서 그만큼의 대가가 지불되어야 한다. 로열동은 저층도, 탑층도 거래가 수월한 편이다. 전망이 좋은 로열동은 저층에서도 웬만한 전망이 나오기 때문이고, 탑층의 경우는 전망과 개방감이 아주 훌륭하기 때문이다.

반면, 어린이집에 보낼 정도의 아이가 있는 가정은 어린이집과 가까운 동을 선호하거나 아이를 키우면서 받는 층간소음에 대한 스트레스에서 자유로운 1층을 선호하기도 한다. 또한 다른 사람들에 의한 층간소음에서 자유롭기를 원하는 사람은 탑층을 선호하기도 한다. 건설사들이 고객 개개인의 취향에 맞춘 설계로 운동을 즐겨 하는 고객은 피트니스센터나 사우나가 가까운 동으로, 휴식을 중요시하는 고객은 인피니티 풀, 카페가 가까운 곳을 로열동, 로열층으로 꼽기도 한다. 자가용을 이용하는 사람들은 역에서 가까운 동이 반드시 로열동이 아니고, 오히려 슈퍼나 편의점이 가까운 동을 선호하기도 한다. 이처럼 요즘 트렌드는 점점 로열에 대한 개념이 개인 취향에 따라 변해가고 있다. 그러나 시대에 따른 건축물의 특징은 분명히 있다. 이러한 특징들을 잘 비교하고 개별적인 장점들을 따져볼 필요가 있다.

이렇게 내린 선택의 결정은 반드시 자신에게 만족을 주는 물건일 것이다.

공인중개사를 통해서
투자하는 것이 안전할까요?
길에서 전단도 많이 돌리던데요

나는 공인중개사다. 공인중개사 자격을 취득하는 것은 좀처럼 쉽지 않았다. 앞서 말했지만 사업을 하던 남편의 일이 순조롭지 못했을 때 나는 임신 중이었다. 늘 돈과 남편에 대한 걱정 속에서 살아갔다. 태교를 불안함과 두려움 속에 해서 딸에게는 미안한 마음이 늘 가시지 않는다. 그 어려움은 숱한 고비를 넘기며 둘째인 아들의 돌 무렵까지 진행됐다.

부단한 노력으로 나는 운이 좋게도 한 번에 공인중개사에 합격할 수 있었다. 이토록 어렵게 자격을 취득하고도 막상 중개업 전선에 뛰어들면 바로 영업 모드로 전환해야 한다. 아무리 좋은 성적으로 공인중개사 자격증을 취득한다고 해도 영업력이 부족하면 계약을 성사하는 일은 힘들어진다. 열공 모드로 공부해서 자격증만 취득하게 되면 그 이후부터 먹고사는 데는 크게 지장 없을 것으로 생각했다. 그러나 현실은 그렇지 않았다. 부동산 공부 지식이 현업에서 어떻게 적용되는가에 대한 현업 적응력, 다른 말로 영업 모드는 완전히 다른 것이었다.

서서히 열공 모드에서 영업 모드로 전환되어가면서 나는 큰 벽에 부딪혔다. 공인중개사들이 중도에 폐업하거나, 공인중개사 자격증을 써보지도 못하고 장롱면허가 되는 이야기가 이해됐다. 영업이라는 일이 워낙 힘든 일이라 계약을 위해 직업윤리를 저버리는 실망스러운 공인중개사들을 보기도 했다.

출처 : https://pixabay.com

물론, 건전한 직업윤리를 갖춘 공인중개사들이 많기에 투자할 때는 반드시 믿을 만한 공인중개사와 의논하고, 그를 통해 진행하기를 권유한다.

길에서 나눠주는 분양 전단에는 세상 좋은 문구는 다 들어 있다. 서울과 거리가 상당함에도 불구하고, '서울 진입 단 ○○분'이라든지, 그

지역의 '랜드마크'라는 말은 흔히 사용되는 광고 카피이니 언뜻 보고는 다 좋아 보일 수밖에 없다.

부동산 전단들

출처 : 필자 제공

정말 좋은 물건을 투자할 기회라고 느껴진다고 해도 다시 한번 믿을 만한 공인중개사, 부동산과 의논하고 협의해 투자를 진행하길 바란다. 좋은 공인중개사는 투자 후에 권리와 물건상의 하자뿐만 아니라, 분양을 받았을 경우에는 추후 임대를 진행하는 일 등 곤란하거나 전문적인 지식이 필요한 부분에 대해 전문적인 지식과 노하우를 제공해 효과적으로 부동산 자산을 관리할 수 있도록 함께 해결해나가는 자세를 갖추고 있기 때문이다.

샀다가 언제쯤 팔아야 하나요?

먼저 본인의 매입 목적을 정확히 해야 한다. 오랜 기간 보유해서 추후 자식에게 증여나 상속을 생각하고 매입하는 것인지, 또는 내가 직접 사용하거나 거주할 계획인지, 아니면 자금의 여유가 없어 오래지 않아 현금화시켜야 하는 상황인지 등 매입의 목적을 명확히 해야 한다.

그러나 투자 목적은 각자의 사정에 따르더라도 매도 시점은 항상 부동산 경기가 좋을 때여야 한다. 경험에 비춰 볼 때 지금까지 가장 환금성이 좋고, 거래가격도 좋았을 때는 역시 부동산 경기가 좋았을 때였다.

그렇다면 부동산 경기가 언제가 가장 좋은지, 언제까지 좋을지를 어떻게 알 수 있을까? 그 시점을 정확히 알 수는 없다. 그것을 정확히 알 수 있다면 부동산 투자에 실패하는 사람이 있겠는가?

현대는 글로벌 시대라 우리나라의 투자 환경만을 고려할 수 없는 데다 미국 연준(연방준비제도)의 금리는 우리나라의 금리에 직접 영향을 준다. 글로벌 시대에 또 중요한 것이 전쟁이다. 전쟁 등 국가 분쟁으로 인한 수출입의 문제와 국가 간 연결 관계에 따라 우리나라에 미치는 경제적 문제 등으로 경제와 부동산 경기가 언제 어떻게 바뀔지는 알 수 없다.

그래서 현재 부동산 경기가 좋다고 느껴질 때 많이 고민하지 않고 매도를 결정하는 것이다. 경기가 안 좋을 때 정리하기 위해 애쓰지 않아도 되고, 본인 기준의 수익이 달성됐다면 더 욕심나는 부분이 있더라도 포기하고 정리할 것을 권한다.

출처 : https://pixabay.com

간접이든, 직접이든 모두가 경험해본 것은 '내가 팔고 나면 오른다'이다. 그것도 조금만 오르면 이해하고 넘어갈 수 있는데 많이 올라버린다. 팔자에 돈복까지 따져가며 신세 한탄을 해보기도 하지만, 진짜 무서운 일은 오르는 것보다도 떨어지는 것이다. 일시적으로 수요가 감소했다고 느껴졌을 때, 이것이 잠시 관망의 수준이 아니라면 무조건 많이 떨어진다. 가격이 떨어지는 흐름을 탄 것이다.

 부동산 경기는 흐름에 많이 좌우되어 단기간에 오르기도 하고 내리기도 한다. 이렇게 오름세 기간을 한번 놓치면 다시 그때를 기다리기까지는 시간이 꽤 걸린다. 여유자금이 없을 때 금리라도 오르면 이자에 조이게 되고, 하루하루가 불안하게 되며, 기회를 놓쳐버린 자신을 원망까지 하게 된다. 완전 꼭지에서 매도한다는 것은 어려운 일이지만, 내가 처음 기대했던 수익만 얻었다면 과감하게 정리하는 것이 진정한 투자자라고 생각한다.

출처 : https://pixabay.com

분양받았다가 중간에 팔 수도 있는 것인가요?

분양을 받는 이유는 각자 다르다. 실거주를 위해서이거나 처음에는 세를 놓았다가 상황에 따라 입주를 계획한다. 아니면 오롯이 세만 받을 목적이거나, 세놓았다가 가격이 좋아지면 팔 수도 있다. 때로는 사정상 분양권을 팔아야 하는 경우도 생긴다. 애초부터 분양권을 팔 목적으로 청약하는 경우도 있다.

나 또한 분양권을 전매하기 위해 청약을 했다. 계약금만 넣으면 된다는 생각에 현금 조달의 부담이 적어서였다. 당시 나는 너무나 생활이 어려워서 부동산 투자는 엄두도 못 내는 처지였다. 분양권 전매는 소자본으로 부동산에 투자할 첫 기회였다. 나름 큰 설렘과 기대를 품고 해봤던 기억이 있다.

어떤 이유에서든 분양권은 팔 수 있다. 단지, 지역에 따라 분양권 전매를 제한하기도 한다. 이것은 부동산 정책에 따라 수시로 바뀐다. 분양권 전매제한이 있는 지역이 어디인지 미리 파악해놓는다면 좋겠지만, 여의치 않다면 분양공고가 떴을 때 전매제한이 있는지 공고문을 통해 확인해야 한다.

사전적 의미의 전매란?

구입한 부동산을 단기적 이익을 목적으로 해서 다시 파는 것을 말한다. 특히 신규 주택을 분양받은 자가 해당 지위를 다른 사람에게 넘겨줘 입주자를 변경하는 것을 분양권 전매라고 한다. 즉, 주택에 입주하기 전 실제 물건이 아닌 권리 형태로 명의변경해 제삼자에게 되파는 행위를 말한다(출처 : 두산백과).

출처 : https://pixabay.com

분양권 전매제한 정책은 부동산 경기가 과열되어 부동산 가격 상승에 영향을 줄 거라고 판단될 때 강화한다. 부동산 거래가 없고, 분양도 잘되지 않을 때는 분양권 전매제한 정책이 완화되기도 한다. 실물경제 및 부동산 경기변동에 따른 정부 정책의 하나라고 할 수 있다.

분양권은 주택을 받을 수 있는 권리며, 주택이 건설되어 입주할 수 있는 권리인 입주권과는 구별된다. 예전의 분양권 전매는 흔적을 남기지 않아도 되어서 그렇게 거래하는 방식이 당연하다고 생각했지만, 요즘 시대의 분양권 전매는 실거래신고 대상이 되어 거래가 투명해졌다.

분양권 전매는 많다면 많고, 적다면 적은 수익을 짧은 시간에 창출할 수 있었기에 부동산 투기의 대표적인 거래 방식이었다. 과도한 프리미엄의 거래는 아파트 가격 상승의 시발점이 되기도 했다.

이와 다르게 분양을 받아놓고도 계획했던 것과는 달리 분양권이 필요 없어지는 경우가 생길 수도 있다. 예를 들어 아들이 장가가면 살게 하려고 분양을 받았는데, 아들 또는 예비 며느리가 선호하는 지역이 이와 다르다든지, 또는 나중에 부인과 단출하게 지내려고 분양받았는데 자식들 반대로 계획이 무산된 경우 등이 그렇다. 반대로 반드시 입주를 원하지만, 당첨 운이 따르지 않는 사람들도 있다. 이런 경우의 분양권 전매는 투명한 거래라면 필요한 거래다.

45
사는 것과 분양받는 것, 어느 것이 더 투자하는 데 유리할까요?

    종전에만 해도 분양을 받는다는 것은 기존 물건보다 건축 기술이나 시설 등이 진보한 물건을 시세보다 조금이라도 저렴하게 취득할 수 있다는 장점이 있었다. 그래서 청약통장은 내 집 마련을 위해서는 기본적으로 갖춰야 할 통장이었다. 아이들이 있는 집은 몇 살부터 청약통장을 가입시키는 것이 유리하며, 가점을 받기 위해서는 어떤 노력을 해야 하는지 등에 대해 정보를 공유하기도 했다.

    그러나 부동산 경기가 좋지 않을 때는 청약통장 해약률이 늘어나고, 미분양은 속출한다. 이는 분양을 받으려는 의지가 없다는 의미인데 이러한 상황은 왜 생긴 것일까? 경기도 안 좋은데 금리는 높다. 급매물들이 늘어나고, 부동산 매입에 어려움이 없어 굳이 분양을 받으려 하지 않는다. 현재 평당 건축비와 인건비가 너무 올라서 건축 원가 자체가 올랐다. 따라서 분양가격이 상승하는 것은 당연한 것이다. 그렇다고 건설회사에서 원가 이하로 분양할 수는 없는 노릇이다. 이러하니 기존 아파트 가격보다도 월등히 높은 가격에 분양을 받아야 한다.

한국의 주택 표준이 된 아파트

출처 : https://pixabay.com

여기에 몇몇 시공사의 문제이기는 하나 높은 분양가격에 비해 하자가 속출하기도 한다. 사람들은 그러한 위험부담을 안고 분양을 받으려 하지 않는다. 거실에서 물이 줄줄 새고, 곰팡이가 봄꽃이 만개하듯 퍼지며, 어떤 브랜드의 아파트는 세탁기가 들어갈 수 없는 사이즈의 세탁실을 만들어놓는 등 수분양자들만 분통을 토하고 있다. 팔 수도, 들어가 살 수도, 세를 줄 수도 없는 애물단지를 수억 원을 들여 분양을 받은 것이다.

> **브랜드 아파트의 하자**
>
> **朝鮮日報**
>
> "브랜드 아파트인데 온 집안 곰팡이, 역대급 하자에 눈물" [영상]

출처 : 〈조선일보〉 2025년 2월 11일자

 기존의 아파트들은 이미 좋은 입지를 선점한 상태다. 웬만한 신규 단지는 기존 단지의 입지를 따라갈 수 없는데, 그에 비해 분양가격은 천정부지로 높다. 이러한 상황에서는 분양을 권할 수만은 없다.

 그런데도 서울, 수도권에 분양하는 아파트는 경쟁률이 상상 이상이다. 이유는 이미 올라버린 건축비와 인건비를 감안하면, 향후 분양하는 물건들의 분양가격은 내려가기는커녕 더 높아질 것이 분명하다고 판단했기 때문이다. 또한 수도권 안에서 수요는 분명하니 가격은 조정받을 리 없다는 확신에서다. 지방 소멸이라는 말이 나오고 있고, 많은 사람들의 지방에 대한 불신으로, 지방과 수도권의 분양률은 극명하게 차이가 나고 있다.

 결론적으로, 앞으로는 상황을 예의 주시해 분양을 결정해야 할 것이다. 상황이 이러하다고 해도 비싼 분양가격이 향후 일반적인 가격이 될 수 있다. 그래서 분양을 받는 것이 다시 유리해지는 상황이 올 수 있다.

갭 투자로 성공한 사람들도 많던데, 갭 투자는 묻지 마 투자로 생각해도 되는지요?

언제부턴가 갭 투자라는 투자 방법이 생기면서 많은 사람들이 소자본으로 많은 양의 투자를 시도하게 됐다.

갭 투자란 매매가격과 전세가격 사이의 차액만을 투자해 자본이득을 얻는 것이다. 이 투자 방식으로 투자금 대비 수익을 본 사람들도 꽤 있으나 결론은 쓴맛을 본 경우가 많았다.

갭 투자로 재미를 본 사람들은 거둬들이는 수익금으로 또 다른 갭 투자를 하고, 갭 투자가 갭 투자를 낳으면서 부동산 가격이 하락세일 때는 결과적으로 쓴맛을 볼 수밖에 없다. 그로 인해 전세사기 피해자들이 생겨났다.

예를 들어 빌라 분양가격이 2억 5,000만 원인데 전세가격이 2억

출처 : 필자 제공

3,000만 원이면 2,000만 원으로 빌라를 분양받을 수 있게 된다. 물론 취득세가 들어가기는 하지만 말이다.

전세가격이 2년 뒤 2억 6,000만 원이 된다면, 2년 만에 2,000만 원을 투자해서 1,000만 원의 이익을 거두게 된다. 여기서 획득한 1,000만 원의 수익으로 보통은 다른 갭 투자 물건을 찾아 갭 투자를 늘려가게 된다. 이러한 현상을 경험한 사람들 사이에서 빌라왕이 탄생하게 되는 것이다.

이는 비단 빌라뿐만이 아니다. 서울 외곽의 소형 아파트도 갭 투자의 대상이 됐다. 매매가격 대비 전세가격이 좋은 곳을 중심으로 어떤 빌라는 분양가격 이상으로 전세를 놓은 경우도 있다.

갭 투자가 아름답지 못한 투자라고 할 수만은 없다. 소액으로 투자할 수 있는 하나의 투자 방법이기 때문이다. 단지, 이러한 투자 물건을 본인도 감당할 수 없을 정도로 사들이고 피해자를 양산한다는 것이 문제다.

갭 투자에 묻지 마 투자라는 말이 붙기 시작한 것은 이러한 맥락에서다. 매매가격 대비 전세가격이 좋은 곳은 묻지도 따지지도 않고, 소액으로 투자했기 때문에 묻지 마 투자라는 말이 나온 것이다.

결론적으로 갭 투자를 묻지 마 투자로 간주해서는 안 된다.

47 대출 비율을 따지는 이유가 궁금합니다

부동산의 가격에서 대출이 차지하는 비율이 대출 비율이다. 앞서 설명한 바와 같이 정부의 부동산 정책에 따라 지원대상이 되는 부동산은 대출 비율이 높아 적은 자기자본으로 투자할 수 있다. 쉽게 설명하자면 100만 원짜리 부동산을 취득할 때 대출이 70만 원까지 된다면, 대출 비율은 70%로 내 자금은 30만 원만 있으면 된다.

금리가 높아지면 대출 비율이 높은 것이 무조건 좋은 것은 아니며 그만큼 위험부담이 있다. 대출을 과다하게 이용한 투자자는 금리에 치어 물건을 놓는 상태도 온다. 이것은 투자에 있어 중요한 부분이다. 일반적인 상황에서는 금리가 높아지면 임대료도 높아져 실질적으로 높은 금리의 부담은 결국 임차인에게 전가된다. 그러나 대출 비율이 너무 높

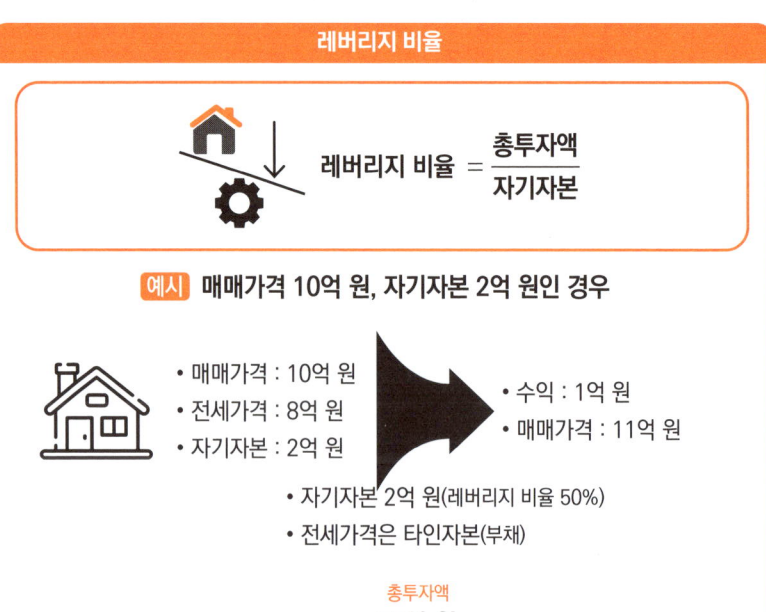

출처 : 필자 제공

아 대출 금리에 예민할 정도가 되어서는 안 된다. 대출을 무조건 많이 받거나 받지 말라는 것은 아니다. 다만, 자본금이 여유롭지 않다면 정부가 지원하는 저금리 대출 상품을 활용하는 것이 좋다.

대출 비율은 부동산의 종류마다 다르다. 대출을 적정히 이용해 투자 수익을 높이는 것. 이를 투자의 레버리지(leverage) 효과[10]라고 한다.

---

[10] 기업 등이 차입금 등 타인의 자본을 지렛대처럼 이용해 자기 자본의 이익률을 높이는 것을 말한다. 지렛대 효과라고도 한다(출처 : 네이버 국어사전).

중도금대출과 잔금대출의 차이점은 무엇인가요?

중도금대출과 잔금대출이라는 용어는 부동산을 분양받을 때 나오는 용어다. 우리가 부동산을 분양받을 때 진행단계는 계약금 → 중도금 → 잔금 순으로 진행되며, 여기서 중도금 단계에서 받는 대출이 중도금대출이다.

중도금대출은 우리가 분양받는 물건이 실체가 없는 상태에서 받는 것으로, 시행사에서 은행에 보증을 서줘서 중도금대출을 가능하게 한다. 그래서 중도금대출은 대부분 은행에서 거절되는 일 없이 대출이 가능하다.

이와 달리 잔금대출은 소유권을 가져오기 위해 잔금을 치르는 단계에서 받는 대출로, 이때는 우리가 분양받는 부동산이 실체가 있어 담보

출처 : 필자 제공

대출로 진행이 된다. 잔금대출이 실행되기 위해서는 은행에서 요구하는 조건에 부합해야 한다. 잔금대출을 받아 중도금대출을 상환해야 하며, 받은 잔금대출은 은행별로 대출받은 원금에 120%나 130%를 설정해 채권최고액으로 등기사항증명서에 기재된다.

대출받아서 투자했다가 금리가 오르면 난리 나는 것 아닌가요?

사실 대출을 받지 않고 자기자본만으로 투자한다는 것은 대단하기는 하지만, 내 자본만으로 투자한다는 것은 개인적으로 아쉬움이 있다.

초보 투자자들은 시장 상황 변화에 따른 대처 방법이 미숙해서 당연히 투자에 두려움을 가질 수 있다. 발생할 수 있는 아주 작은 확률만으로도 지레 겁먹고 투자의 기회를 잃어버리기 쉽다. 물론 일어날 수 있는 위험에 대한 대책 없이 투자하는 것은 지양해야 하지만, 좋은 물건을 놓치는 경우가 있을 수 있어 아쉬움이 남는 것은 사실이다. 말이 나온 김에 한마디 덧붙이자면, 주변에 믿을 만한 유능한 공인중개사가 있다면 정말 큰 복이다. 좋은 물건과 아닌 물건을 가려서 권해주고, 상황마다 최선의 조언을 해주기 때문이다. 그래서 유능한 공인중개사를 곁에 잘 둔 사람은 부자가 될 가능성이 높다.

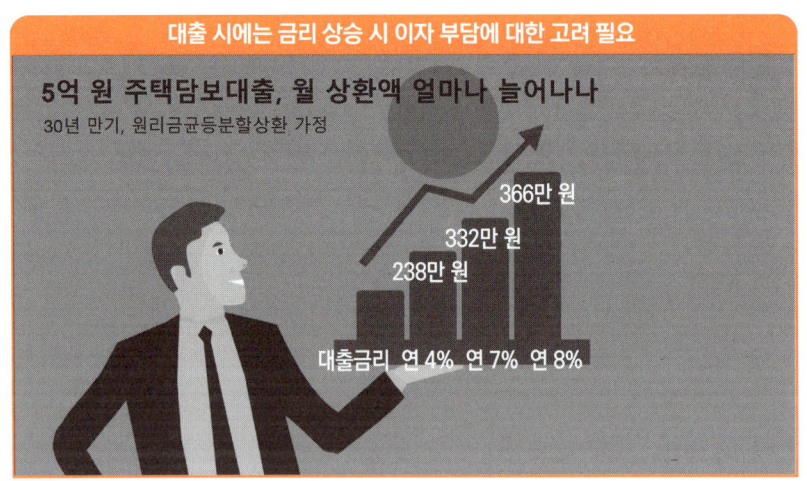

출처 : 필자 제공

앞서 언급했듯이 감당할 수 있는 대출은 레버리지 효과를 얻을 수 있으니 적절히 대출을 이용하길 권한다. 금리가 오를 것을 염려해 투자를 망설이시는 분들에게 조언을 하자면, 모든 대출에는 금리 상승에 대한 위험이 존재하니 과도한 대출은 삼가야 한다. 또한 1금융권을 이용하는 것이 대안이 될 수 있다. 모두 잘 알고 있겠지만, 1금융권과 2금융권의 금리 차이는 무시할 수 없다. 금리가 오르는 시장일 경우 더더욱 부담은 가중되니 금융권 선택은 중요하다.

여기에 신용 관리는 필수다. 금리는 신용 상태에 따라 책정되기 때문이다. 투자에 있어서 가장 주의해야 할 부분이 무리한 투자는 해서는 안 된다는 것이다. 무리한 투자는 반드시 과도한 대출로 이어지고, 과도한 대출은 1금융권 이외의 금융권을 이용하게 만들며 추후 시장 상황이 안 좋아질 때는 원금 일부 상환과 동시에 과도한 이자 부담으로 인해 마음도 병들고, 때로는 지쳐서 어렵게 투자한 물건을 헐값에 정리해버리기도 하니 말이다. 가끔 이런 질문을 하는 분이 있다.

"적금도 깨야 하고, 지금 사는 집도 정리하고, 대출도 받아서 이것을 매입해야 하는데 이 역시 무리한 투자가 아닌가요?"

이러한 질문을 하는 분들은 절대로 부동산에 투자하지 못한다. 투자는 손안에 들고 있는 돈으로만 투자할 수 없다. 깰 적금도 있고, 팔 수 있는 집도 있어서 집을 정리해 더 좋은 거처로 옮겨갈 수 있는 거라면, 이것은 절대 무리한 투자가 아니다. 단지 대출의 규모와 이자액 및 상환 능력 등을 따져보고 결정하는 것이 중요하겠다.

한편, 무리하지 않고 월세를 낀 투자를 했다고 가정하자. 이때 대출 금리가 오르면 어떻게 해야 할까? 금리가 오르기 시작하면 약간의 시간 차를 두고 월세도 올라간다. 금리가 올라서 이자 부담이 당분간은 있겠지만, 어느 시점부터 월세가 올라서 이자에 대한 부담을 줄여준다. 오히려 금리가 오르면 월세를 부담해야 하는 임차인이 더 걱정되는 바다. 이것이 시장이다.

융자 승계에 관해 설명해주세요

　융자 승계는 매입하고자 하는 물건에 근저당설정이 되어 있는 융자가 매수자에게 승계 가능한지를 말한다. 이는 융자를 안고 부동산을 구입함으로써 투자할 현금의 부담을 줄이고자 함이다.

　대출의 이용은 새롭게 대출을 받는 경우와 매도자가 받아놓은 기존의 대출을 승계받는 방법이 있다. 이 두 가지 선택을 고민하는 이유는 먼저 금리에 대한 문제가 가장 크다. 기존 대출 금리가 새로 받는 대출 금리보다 저렴하다면, 요건을 갖춰 승계를 받아야 한다. 그다음으로는 대출 비율이다. 대출 가능 금액과 내가 부담할 수 있는 투자 금액을 합해 매입하고자 하는 부동산의 취득이 가능한지를 따져봐야 한다. 여유가 있어 대출 비율이 중요하지 않다면 다행이지만, 대출을 이용해 투자하려는 투자자에게는 대출 비율이 중요하지 않을 수 없다. 예를 들어 투자 물건 가격이 20억 원인데 대출이 50% 가능하다면, 최소한 10억 원은 준비가 되어 있어야 투자 물건 매입을 생각해볼 수 있다.

출처 : 필자 제공

그리고 새로 받는 대출의 금리가 저렴함에도 새로이 대출을 받을 수 없는 경우다. 이러한 상황은 보통 다가구주택이나 상가주택인 경우가 많다. 임차인들이 이미 모두 맞춰져 있어 은행의 근저당권이 임차인들보다 후순위가 되는 경우가 그러하다. 부동산 경기가 좋아 부동산의 가격 상승이 기대되는 시기에는 이러한 상황에서도 새로운 대출이 가능

출처 : https://unsplash.com

해 은행이 임차인들 다음의 후순위로 들어오기도 한다. 하지만 약간의 위험만 있어도 새로운 대출이 나오지 않는 것이 은행의 특징이다.

그렇다면 승계 여부는 어떻게 결정이 되는 것일까? 은행은 물건의 가처분소득을 계산해서 대출 비율을 정하고 대출 여부를 결정하지만, 물건만 보고 모든 것을 결정하지는 않는다. 차주의 능력도 본다. 즉, 부동산 경기의 변동으로 인해 올 수 있는 리스크와 금리 상승에 따른 이자 부담에 대한 리스크를 모두 감안해서 차주의 능력을 본다. 차주의 소득 여부, 신용 상태, DSR(Debt Service Ratio, 총부채원리금상환비율 : 연간 상환해야 할 총원리금상환액을 연간소득으로 나눈 비율) 모두를 평가하고 대출을 결정한다. 그래서 분양을 받으면서 집단으로 이루어지는 집단 대출이 용이할 때도 있다. 이러한 복잡한 부분에 대해 조금 더 여유를 두고 대출을 실행하기 때문이다.

수익률이 몇 %가 되어야 괜찮은 물건이라고 할 수 있나요?

부동산 중개사무소를 운영하다 보면 수익형 부동산을 찾는 사람들이 자주 하는 질문이 "수익률이 몇 %가 나오느냐?"이다. 기준은 항상 바뀐다. 그 이유는 은행 금리에 따라 기대수익도 달라지기 때문이다.

수익형 부동산의 수익률이 은행 금리와 별 차이가 없다면, 리스크가 있는 부동산을 매입해서 굳이 수익을 보려고 하겠는가. 은행 금리보다 조금 더 높은 수익을 위해 위험을 감수하며 애쓰고 신경 쓸 사람은 없을 것이다.

몇 년 전 은행 금리가 1%대 후반에서 2%대 중반이었을 때 수익률은 4~5% 정도였다. 2025년 2월 기준 은행 금리가 3%대인 경우(여기서 금리는 돈을 맡겼을 때 받을 수 있는 이자), 그래도 수익률이 나오는 물건은 7~8%대다. 문제는 이렇게 부동산 경기가 안 좋을 때 그 정도의 수익이 나오는 상가나 오피스, 지산 등이 있을까. 금리변동에 따라 수익형 부동산의 수익률도 유동적이라는 것을 알 수 있다.

그렇다면 수익률 계산은 어떻게 하는 것일까? 먼저 자기자본만으로 상가를 매입했을 경우는 다음과 같다.

$$\frac{월\ 임대료 \times 12개월}{매입가격 - 보증금} \times 100 = 수익률(\%)$$

예를 들어 상가 매입가격이 10억 원이고, 보증금은 1억 원/월세 500만 원이라면 다음과 같이 계산할 수 있다.

$$\frac{5,000,000 \times 12}{1,000,000,000 - 100,000,000} \times 100 = 6.6\%$$

대출을 받아 상가를 매입했을 경우는 다음과 같다.

$$\frac{월\ 임대료 \times 12개월 - 연\ 대출이자}{매입가격 - 보증금 - 대출금} \times 100 = 수익률(\%)$$

예를 들어 상가 매입가격이 10억 원이고, 보증금은 1억 원/월세 500만 원, 대출금이 4억 원에 대출이자가 3%라면 다음과 같이 계산할 수 있다.

$$\frac{5,000,000 \times 12 - 12,000,000}{1,000,000,000 - 100,000,000 - 400,000,000} \times 100 = 9.6\%$$

결론적으로, 대출을 받아 상가에 투자했을 때 수익률이 3%나 높아졌다.

이러한 경우를 '레버리지 효과'라고 한다. 앞서 말했듯이 레버리지 효과는 타인자본(차입금, 대출 등)을 지렛대 삼아 자기자본이익률을 높이는 것을 말한다. 타인자본의 이자가 높은 경우에는 수익률이 낮아질 수 있음에 주의해야 하며, 경기 불황으로 인해 공실이 발생할 경우에는 더욱이 타인자본의 이자 부담은 가중될 수 있다. 각별한 주의를 요한다.

전세, 월세가격 오르는 것과 집값 오르는 것이 무슨 관계가 있나요?

부동산 정책에서 가장 민감하게 체크되는 부분이 전월세가격의 안정이다. 새로운 정책이 도입되는 대표적인 이유가 전월세가격의 상승때문이다. 전월세가격이 흔들리기 시작한다는 것은 부동산 시장이 움직이기 시작함을 의미한다. 부동산 가격의 기초적인 부분이라고 생각하

출처 : https://www.flaticon.com

면 된다.

비교를 하자면 유가가 오르기 시작하면 모든 물가에 영향을 줘서 물가 상승의 시작을 알리는 것과 같다.

유가 상승과 전월세가격 상승을 비교하는 이유를 살펴보자. 유가가 오르는 데는 이유가 있다. 가장 일반적으로 수요 공급의 원칙에 의한 것인데, 수요는 늘고 공급은 줄어드는 세계 정세에 따르는 것이 일반적이다. 일단 유가가 오르기 시작하면 물류비가 상승해 물가 상승을 동반하게 되고, 물가가 상승하면 인플레이션도 심화된다. 이로써 기업의 생산비용이 증가해 수익성이 줄고, 수익성이 줄어드니 가격을 올리거나 공급이 원활하지 않을 수 있다. 일종의 나비효과와 같다.

전월세가격의 상승도 비슷한 원리로 이해하면 된다. 전월세가격이 오르는 이유 또한 수요 공급의 원칙에 의한 것이다. 수요는 많아질 때 공급이 그 수요를 못 따라가는 데는 이유가 있다. 석유가격의 영향을 받아 물가가 오르는 것과 같이 주택가격의 재료를 전월세가격으로 보면 된다. 공급 부족에 의해 전월세가격이 오르니 공급을 늘리기 위해 주택을 짓는데, 건축비와 인건비는 기존 주택 건설 원가보다 올랐다. 그러니 공급 주택가격은 오른 가격으로 공급된다. 여기에 기존 주택들은 신축 주택가격 정도는 아니더라도 신축 공급 주택에 발맞춰 어느 정도 오른 가격을 제시하게 된다. 이러한 일련의 과정이 매번 존재하게 되고, 가격은 나비효과처럼 오르게 된다.

물론 가끔은 부동산 정책에 따라 매입이 불필요하다고 생각하는 사람들에 의해 역전세 현상이 일어나기도 하지만, 이는 일시적인 현상이라고 할 수 있다. 이러한 상황 때문에 '영끌'이라는 신조어도 만들어지게 됐다.

부동산 정책 바뀌면
낭패 보는 것 아닌가요?

　이런 질문들은 상당히 답하기가 곤란할 때가 많다. 부동산 정책은 수시로 바뀐다. 수요가 많아 가격이 오를 것 같으면 가격을 잡기 위한 정책을 발표한다. 예를 들어 공급을 확대하고 취득세를 중과한다든지, 보유세를 올린다든지 대출을 규제하는 것이다.

　수요가 너무 없어 경기가 불황으로 이어질 때는 세금을 완화해주는 정책이 발표된다. 취득세를 감면해주기도 하고, 미분양 아파트들이 속출할 때는 한시적으로 양도소득세를 면제[11] 해줘서 미분양 아파트를 소화하기도 한다. 이 때문에 부동산의 가격이 끝없이 오를 것으로 예상해 매입했다가 가격이 급락하는 경우도 있다.

---

11) 양도소득세 계산법 : 총양도소득금액×(취득일부터 한시적 면제 기간이 종료되는 날의 기준시가-취득 당시의 기준시가) /(양도 당시의 기준시가-취득 당시의 기준시가)

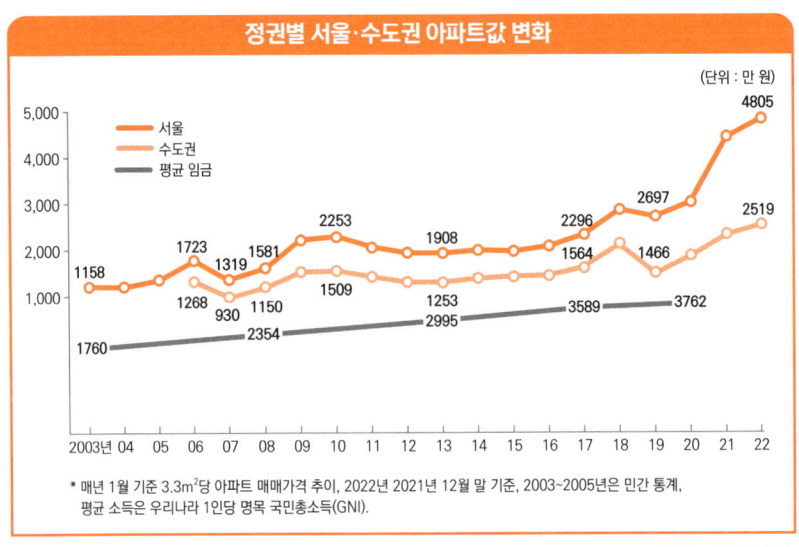

출처: 〈매일경제〉

　이러한 정책은 시장 균형을 잡기 위한 것이므로 시장 상황에 따라 필요하다. 지금까지의 부동산 시장을 경험한 분들은 다 아는 내용이지만, 오를 지역은 규제 속에서도 오른다. 일단은 서울과 수도권이면 안정권이지만, 이 지역들 내에서도 차이가 많다. 서울과 수도권 중에서도 메리트 있는 지역, 일자리 창출이 증가할 만한 지역, 예를 들어 강남이나 판교, 또는 역세권, 명품 학군의 수요지역으로 대치동이나 목동, 분당 등을 들 수 있다. 누구나 잘할 것 같지만 엉뚱한 곳에 투자했다가 원금 회수도 힘들어하는 상황이 있다.

　메리트가 있다는 것은 부동산의 수요가 증가할 명목이 있다는 것으로, 인구가 증가할 만한 여건이 되는 지역을 의미하는 것이다.

주택임대사업자 등록하는 게 더 나을까요?

주택임대사업자란 주택을 임대해 수익을 창출하고자 하는 사람이다. 최초에 주택임대사업자는 주택을 임대해야 하는 의무 기간이 단기(4년), 장기(8년)이었다.

주택임대사업자로 등록된 물건은 매매할 때도 매수자가 주택임대사업자의 지위를 승계해야만 매매가 가능하다. 당시에도 취득세와 재산세, 종합부동산세, 양도소득세의 혜택이 있어 많은 임대인이 주택임대사업자 등록을 했다.

부동산 경기가 과열됐을 때는 많은 임대인들이 임대료를 시장 가격대로 받을 수 없음에 아쉬워하기도 했다. 주택임대사업자는 연 5%만 임대료를 인상할 수 있기 때문이다. 특히, 8년 장기주택임대사업자의 경우가 더욱 그러했는데, 이후 10년 주택임대사업자 하나로 통일됐다.

출처 : https://pixabay.com

그렇다면 주택임대사업자 등록을 하는 것이 더 나을까?

　내가 일하고 있는 지역의 한 건물주 이야기를 해보겠다. 그는 한참 임대료가 상승했던 시기에는 시세를 반영할 수 없는 인상률 때문에 "괜히 주택임대사업자를 내서 임대료는 마음대로 올리지도 못하고 힘만 들고 정신없어. 매번 임대차계약 변경신고 해야지, 전세보증반환보험에 가입해야지, 또 임차인이 1년 안 되어 먼저 나가서 5%도 못 올렸지. 등기사항증명서에 부기등기 해야지. 괜히 했나 봐" 하셨다.

　맞는 말씀도 있다. 주택임대사업자는 일거리가 많기도 하고, 팔기도 어렵다. 그러나 마냥 단점만 있겠는가. 그랬다면 임대인들이 주택임대사업자 등록을 하지 않았을 것이다. 가장 중요한 혜택은 세금 감면을 받는 것이다. 취득세, 재산세, 양도소득세, 임대소득세 그리고 종합부동산세합산 배제 등의 비교하기 힘든 혜택들이 있다(자세한 사항은 세무사와 직접 상담하길 권한다).

내가 보유하고 있는 부동산이 세금에 예민한 상황이라면 불편함을 감수하더라도 주택임대사업자 등록을 권하지만, 그러한 상황이 아니라면 고려해볼 필요가 있다.

제가 이 부동산을 산다면
총 얼마가 필요한가요?

우리가 직접 거주할 아파트와 같은 주택을 매입할 때는 얼마가 필요한지 쉽게 계산한다. 총금액에서 대출금액을 빼고, 취득세를 더하면 되기 때문이다. 그러나 임대수익을 위해서 매입하는 상가나 오피스텔 등은 초보 투자자들은 계산이 잘 안 된다. 매매가격 전부를 현금으로 들고 산다고 해도 계산은 바로 해야 하니 더 그렇다. 이런 상황이 종종 있다.

고객 : "저 상가는 얼마예요"

필자 : "네, 12억 원입니다."

고객 : "그 정도의 돈은 안 되어서요. 저는 매입을 못 하겠네요."

필자 : "투자할 수 있는 금액은 얼마를 갖고 계시나요?"

고객 : "제가 5억 원 정도 갖고 있는데, 투자할 만한 물건이 있을까요?"

필자 : "그러면 이 상가를 매입하실 수 있습니다."

물론 "대출받고는 부동산 안 사요. 저는 대출 같은 것은 안 받아요"라고 말하는 사람도 있지만, 그것과는 경우가 다르다. 실제 투자 금액을 계산하지 못하는 것이다.

앞의 상가 가격은 12억 원이다. 여기에 60% 대출이 가능하다면 7억 2,000만 원이다. 현재 상가의 임대가격이 보증금 1억 원에 월세 400만 원이라면 보증금 1억 원도 매매가격에서 상계된다. 여기에 취득세 4.6% 5,520만 원, 중개보수를 상한요율로 계산해 1,080만 원이 들어간다.

- 대출 : 7억 2,000만 원
- 임차보증금 : 1억 원
+ 취득세 : 5,520만 원
+ 중개보수 : 1,080만 원

∴ 총 필요자금 : 4억 4,600만 원

매매가격 12억 원 상가 예시

매매가격	1,200,000,000원
대출금	-) 720,000,000원
보증금	-) 100,000,000원
취득세	+) 55,200,000원
중개보수	+) 10,800,000원
총	446,000,000원

약 4억 5,000만 원 정도로 이 상가를 매수할 수 있다는 것이다. 아주 기본적인 계산이지만, 의외로 초보 투자자의 경우 이런 계산에 익숙하지 않아 그대로 포기하는 경우가 있다.

상가의 경우를 예로 들었으니 다른 부동산들도 이렇게 적용해서 실투자금을 계산해볼 수 있다. 여기서 한 가지 주의할 점은 아파트나 오피스텔의 경우 전세로 임대 중이거나 전세로 임대를 놓을 계획으로 매입한다면, 담보대출은 불가하다는 것이다. 은행은 절대 조금도 손해 볼 일을 하지 않는다는 것을 명심하자.

56 수익률은 어떻게 계산하나요?

 수익형 부동산을 공부한다면 수익률 계산이 가장 기본이 될 것이다. 투자의 여부가 달린 문제이기도 하지만, 물건을 보는 안목을 키우기 위해서도 중요하다.

> **수익률 계산법**
> 수익률 = (수익* ÷ 실투자금) × 100
> * 수익 : 연수익(월 임대수익×12개월) − 연이자(월 이자×12개월)

 앞에서도 설명한 바와 같이 보증금 1억 원/400만 원의 12억 원짜리 상가를 대출 60%(7억 2,000만 원)를 금리 4%로 받아 매입한 경우 수익률을 계산해보기로 하자.

연수익(400만 원 × 12 = 4,800만 원)
연이자(4% 월 이자 240만 원 × 12 = 2,880만 원)

실투자금	매매가격	1,200,000,000원
	대출금	-) 720,000,000원
	보증금	-) 100,000,000원
	취득세	+) 55,200,000원
	중개보수	+) 10,800,000원
	총	446,000,000원

∴ 연간 순수익 : 4,800만 원 − 2,880만 원 = 1,920만 원

∴ 수익률 : $\dfrac{1{,}920만\ 원}{44{,}600만\ 원} \times 100 = 4.3\%$

상가의 수익률은 약 4.3%로 계산된다. 수익률이 4.3% 정도라면 괜찮은 물건이라고 할 수 있다. 물론 금리에 따라 수익률의 기준이 달라지기는 하지만, 금리가 아주 낮은 상황에서는 4%대도 나오기 어렵다. 앞서 말했듯이 금리가 오르면 결국에는 임차인에게 전가된다는 것은 이러한 의미다. 현재의 월세는 400만 원이지만 저금리 상황에서 금리가 5%대 이상으로 오를 경우, 임대인은 월세를 올릴 수밖에 없다. 물론 상가임대차보호법에 의해 10년간 보장이 되기는 하지만, 임대료 협의가 우선되는 상황이 발생하기도 한다.

수익률을 계산할 수 있으면 이제는 수익률이 좋은 물건을 찾아보면 되는데 주의할 점이 있다. 수익률이 좋은 물건인데 위치로 봐서 이 정도로 괜찮은 수익률이 나오기 어려울 것 같은 물건이 있다. 위치상 더 좋은 물건에서도 그만한 수익률이 안 나온다고 판단될 때는 의심해볼

필요가 있다. 만들어진 수익률일 수 있다는 것이다.

종종 렌트프리(무상임차) 기간을 매우 많이 주고, 임대료는 높게 책정해 수익률을 높여 놓거나 또는 가짜 임차인(위탁임차인)인 경우도 있다. 부동산 중개 사무소로 꾸며 놓고 지인이나 본인을 임차인으로 설정해 임대료를 높게 책정해놓는 경우다. 이런 경우 백발백중 임대 기간이 만료되면 퇴거를 해서 새로운 임차인을 기존 임대료로 못 구해 애를 먹는다.

그렇다면 어떻게 구분할 수 있을까? 주변 부동산 중개사무소를 탐문하거나 그 동네 주민에게 발품을 팔아 물어봐야 한다. 수고스럽지만 좋은 물건을 얻기 위한 것이니 위험을 분산하기 위해서라도 수고로움을 마다하지 말자.

최소한 얼마가 있어야 투자를 시작할 수 있어요?

대체 얼마의 돈이 있어야 투자를 할 수 있을까? 너무나 광범위한 질문이다. 설명을 거꾸로 시작하는 것이 서로에게 쉬울 것 같다. 초보 투자자에게 권하는 방식 중 가장 먼저 계산할 것이 내가 준비할 수 있는 자기자본이었다. 내가 투자할 수 있는 실금액 말이다. 그러니까 그 금액이 얼마가 있어야 투자라는 것을 생각해볼 수 있냐는 것인데, 부동산의 투자 물건은 각양각색이다. 크기별, 종류별, 지역별로 가격이 천차만별이다. 그중에서도 내가 투자할 만한 물건은 존재한다. 요즘처럼 인플레이션의 심화로 원자잿값이 오를 때는 부동산 가격이 상승한다.

인건비와 건축비, 지대까지 올라 부동산의 원가 자체가 오르면 종전에 알아봤던 투자금으로는 투자할 엄두도 못 낼 수 있다. 그래서 주저주저하다 때를 놓치고, 생각은 과거에 머물러 있어 투자를 못 하는 사람도 있다. 계속 말하지만 그래도 투자는 해야 한다. 상황이 변했으면 변화된 상황에 맞춰 또 해야 한다는 것이다. 가끔 이런 말을 하는 사람들을 본다. "예전에 여기 집값이 얼마였는데", "그때 샀어야 했는데" 아니면 "옛날에는 여기 다 논밭이었는데" 하며 고개를 절레절레 젓는다. 여기 부동산값이 왜 올랐는지 모르겠다며 투자할 시기는 지났다고 말하는 사람, 예전보다 올랐으니 예전 가격으로 떨어질 때까지 기다리는 사람도 있다. 하지만 이 사람들은 혹시라도 예전 가격으로 다시 내려간다고 해도 절대로 투자하지 못한다.

출처 : https://unsplash.com

상황에 맞춰 투자해보자. 주변에 적은 금액으로 투자할 수 있는 괜찮은 물건이 있는데도 그마저도 투자할 자금이 부족하다면, 가족이나 형제끼리 공동 투자를 진행해보는 것도 좋다. 물론 혼자 할 때보다 의견 수렴 부분이나 일 진행에 있어서 방향 잡는 것이 다소 복잡할 수는 있지만, 그렇게라도 시작하지 않으면 영원히 부동산 투자의 기회는 오지 않는다.

의견을 같이할 만한 가족을 찾아 진행해보고, 단 얼마의 수익을 내더라도 아무것도 하지 않는 것보다는 낫다. 물론 아무 물건이나 투자하는 것은 금물이다.

투자의 최소 금액이 얼마인지보다는 금액에 맞춰 어떤 방법으로 투자할지를 생각하자.

부동산 리츠와 부동산 펀드

부동산 리츠는 다수의 투자자로부터 자금을 모아 상가, 빌딩 등 부동산에 투자하고, 임대나 매각 등으로 수익이 나면 투자자들에게 나눠주는 주식회사를 가리킨다. 부동산 펀드와 비슷한 듯하지만, 부동산 펀드는 주로 3~5년 만기의 폐쇄형으로 만들어지고, 만기까지 환매가 불가능하다. 그러나 주식을 발행하는 상장 리츠의 경우 언제든지 매매가 가능하다.

출처 : 필자 제공

요즘에는 부동산 리츠나 부동산 펀드와 같은 소액 투자 상품도 있다. 젊은 세대들은 이러한 방법으로 투자를 시작하기도 한다. 소액 투자로 임대료 상승에 따른 배당수익과 부동산 가치 상승에 따른 자본이득을 얻을 수 있다. 이러한 투자 방식은 생각보다도 적은 금액으로 투자할 수 있어서 가족이나 형제와 공동 투자가 불가능한 경우에는 이 또한 공부해볼 만하다.

투자 금액 산정할 때 고려해야 하는 부분을 알려주세요

 부동산에 투자 좀 해볼까 하는 생각이 드는 순간, 대체 투자 금액은 얼마나 준비해야 하는지 감이 오지 않는다. 투자 금액이 궁금해 공인중개사에게 상담하면 부분적으로 설명하는 말은 알아들을 수 있지만, 종합적으로 얼마의 투자 금액이 필요한지는 계산이 잘 안 된다.

 어떤 경우에는 내가 투자할 수 있는 금액(자기자본)은 2억 원인데, 공인중개사가 권해주는 물건은 내가 감당할 수 있는 금액에 한없이 초과하는 경우가 있다. 그럴 때면 과연 내가 투자할 수 있는 물건인가 하는 생각도 들고, 생각보다 많은 돈이 필요하다고 여겨 포기하기도 한다.

 일단은 내가 대출을 받을 것인지를 결정해야 하며, 대출을 받게 된다면 투자 금액의 몇 %나 받을 것인지를 생각하자(여기서는 대출 금액보다는 이자를 계산하고 내가 감당할 수 있는 정도를 파악해 결정해야 하며, 이자가 올랐을 경우도 대비해야 하므로 가능하면 작게 잡을 것을 권한다). 공인중개사가 권해주는 물건은 대출 가능 금액과 지불할 수 있는 현금을 합산해 투자 가능한 물건을 선정해줬을 것이다.

그렇다면 대출을 받지 않고 투자 결정을 했다고 가정해보자. 내가 투자할 수 있는 현금이 2억 원이라면 2억 원의 물건을 살 수 있다는 것인가? 아니다. 여기에 따라붙는 각종 세금과 중개보수 등을 고려해 투자 가능한 금액을 산정해야 한다. 또한 임차인이 있는 부동산을 매입할 경우에는 임대보증금만큼 투자 금액에서 제외시켜야 한다.

투자할 때 따라붙는 세금은 우선 부동산을 취득할 때 생기는 세금, 취득세가 있다. 취득세는 부동산을 취득했을 때 납부해야 하는 세금을 말하고, 등록세는 이러한 사항들을 공부에 등기나 등록하기 위해 납부하는 세금이다. 물건이 본인의 것이 됐다는 증명으로 취득 시 필수 사항이다. 종전에는 '취등록세'라고 취득세와 등록세를 합해서 불렀으나 현재는 두 세금이 통합되어 지금은 취득세 한 가지로 이해하면 된다.

주의할 점은 간혹 시세보다 많이 저렴하게 나온 물건을 매입할 경우, 취득세 과세표준이 매매가격보다 높아 취득세 계산을 취득가액으로 했을 때보다 더 많이 나오는 경우도 있다(과표는 지방세를 부과하기 위한 기준으로 과표보다도 저렴하게 매입했다는 의미이기도 하다).

취득세, 지방교육세, 농어촌특별세

취득원인	과세표준		취득세	지방교육세	농어촌특별세
유상취득	6억 원 이하		1%	0.1%	전용면적 85㎡ 초과 시에만 0.2%
	6억 원 초과 9억 원 이하 (취득가액×2)/ (3억 원-3)×1/100	6.5억 원	1.33%	취득세의 1/10 (0.1~0.3%)	
		7억 원	1.67%		
		7.5억 원	2%		
		8억 원	2.33%		
		8.5억 원	2.67%		
		9억 원	3%		
	9억 원 초과		3%	0.3%	

취득원인	취득세	지방교육세	농어촌특별세
무상취득(증여)	3.5%	0.3%	0.2%
원시취득(신축, 상속)	2.8%	0.16%	0.2%
무주택가구가 상속받은 경우에는 0.8% 세율 적용			

다주택자, 법인 등 중과세율

취득세	유상취득				무상취득 (3억 원 이상)
	1주택	2주택	3주택	4주택, 법인	
조정지역	1~3%	8%	12%	12%	12%
비조정지역	1~3%	1~3%	8%	12%	3.5%

* 지방교육세 : 중과분(8%, 12%) 모두 0.4%
* 농어촌특별세 : 8% 중과분 0.6%, 12% 중과분 1%
* 취득세 중과 : 조정지역은 강남 3구(강남, 서초, 송파)와 용산이며, 현재 1주택자가 조정지역 안의 주택을 새로 구입하게 되면 취득금액의 8%.

요즈음은 취득세 계산기가 있어 쉽게 구할 수 있지만, 정확한 취득세를 알기 위해서는 법무사에게 자문을 얻길 바란다.

다음 자료는 서울특별시 부동산 중개보수 요율표다. 이 중개보수 요율표는 서울시 기준으로, 시도 조례에 따라 다를 수 있으므로 참고하길 바란다.

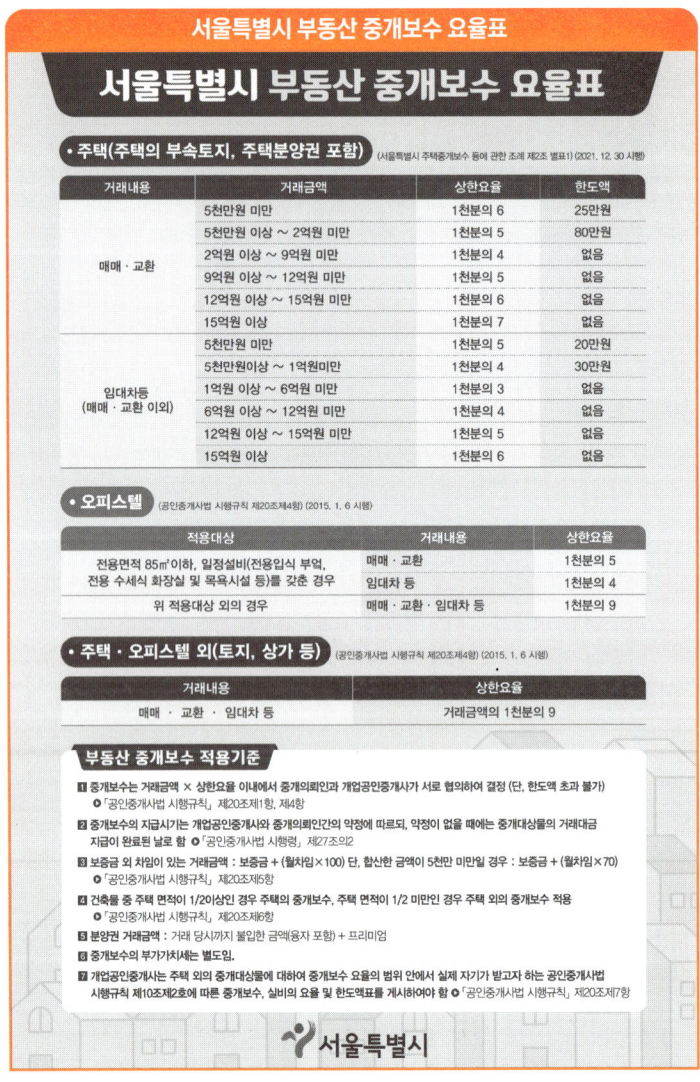

출처: 한국공인중개사협회

예를 들어보자. 서울에서 아파트를 13억 원에 매입했다면 상한요율이 0.6%이므로 중개보수는 780만 원이며, 공인중개사가 일반과세자일 경우에는 10%의 부가세를 별도로 지불해야 하므로, 78만 원의 부가세를 포함해 중개보수는 858만 원이 된다.

위 비용은 매입 시 언제나 따라붙는 비용이고, 이 외에도 기존의 부동산을 매도하는 경우 그에 따른 양도소득세와 매도 시 중개보수 등도 계산해야 할 것이다. 또한 매입하는 주택의 수리를 계획한 경우에는 수리 비용, 매도인과 별도의 협의 내용이 있는 경우에는 그 비용도 계산해야 한다(예를 들어 에어컨이나 맞춤 냉장고 등 물건을 인수하기로 하는 경우 물건 인수 비용).

의외로 실제의 부동산 가격 이외에도 부수적으로 들어가는 비용이 만만치 않다.

59
적은 돈으로 성공적인 투자를 한 사례를 알려주세요

내가 운영하는 공인중개사 사무소는 원룸 월세부터 건물 매매까지 거래가 가능한 곳이다. 사무실의 앞쪽으로는 작은 평수의 건축법상 연립(4층의 아파트 구조, 타운하우스라고 불림)주택과 34평형의 아파트가 있어 다가구주택 전세에서 시작해서 작은 평수의 아파트로, 그다음 평형대를 넓혀갈 수 있는 구조의 시장이다.

이 지역은 신생 지역이라 신혼부부의 임대수요가 많아서 많은 신혼부부를 전세, 월세로 입주시켰다. 수요자들 모두가 직장을 다니거나, 자영업을 해서 고정 수입이 있는 상황이라 대부분이 대출을 받아 전세를 구했다. 여기서 소개하고자 하는 신혼부부는 당시에 다가구주택 투룸 전세로 시작했다. 2년 만기가 됐을 때 보증금을 좀 더 보태서 쓰리룸 전세로 넓혀갔다.

그들은 오며 가며 잠시 들러서 이것저것을 문의했다. 부부는 자신들이 약간의 돈을 모았는데 그 돈으로 투자 수 있는 것이 있겠는지를 물었다. 열심히 살고, 부지런히 저축하는 선남선녀 부부였다. 그들에게 일단 투룸 복층형, 지하철역 1분 거리에 있는 오피스텔을 권해줬다.

당시에는 오피스텔을 꽤 많이 분양 중인 상태였다. 그래서 취향에 맞게 고를 수 있는 여지가 많았다. 그러나 이 지역에서 복층형 오피스텔은 유일했고, 투룸 복층형은 사이즈가 넉넉해 신혼부부나 아이 한 명이 있는 세 식구 정도는 충분히 거주할 수 있는 구조였다. 또한, 주변 인프라가 좋아 생활권도 훌륭했다. 무엇보다도 지하철 1분 거리라는 것이 가장 큰 메리트였다.

그들은 소자본으로 이를 분양받아 임대를 놓았고, 대출을 받아서 매입했다. 계약금 2,600만 원, 잔금은 본인 자금에 월세 보증금을 보태서 충당해 분양을 받았다. 은행 이자보다 월세가 더 많이 나오는 상황이라 레버리지 효과를 이용한 것이다. 기본적으로 있던 수입과 당시의 전세금, 오피스텔의 월세 수입을 모아 아파트를 매입했다. 그사이 예쁜 딸이 하나 생기면서 아파트로 옮겨야겠다는 생각을 현실로 이룬 것이다. 물론 대출을 이용하기는 했지만, 이자를 부담할 수 있는 만큼만 대출을 받아 무리는 없는 상황이었다.

이후 오피스텔을 정리하고 거기서 얻은 이익으로 아파트 대출을 상환했다.

출처: https://pixabay.com

결국, 처음 나와 인연을 맺은 7~8년 이후 더욱 발전해서 내 집 마련이라는 꿈을 이루었다. 또한 부동산 투자의 개념이 생기면서 현재는 사려 깊게 안정적인 투자처를 고민하는 수준까지 향상됐다. 물론 운이라는 것이 따랐겠지만, 신뢰와 확신, 성실이 모두 조화롭게 작용한 것이라고 생각한다.

공인중개사,
인생 최대의 성공 투자

 삶이 허무하고 너무너무 사는 게 힘들다고 느껴졌을 때, '좋은 말을 듣고 와서 힘을 내보자' 하는 생각이 들어 점을 본 적이 있었다. 그런데 내가 부동산과 관련된 직종에 종사해야 돈을 번다는 말을 들었고, 그때는 온몸에 전율이 일었다. 당시 나는 공인중개사 시험 준비를 하고 있었기 때문이다.

 부자까지는 아니지만 돈 욕심을 부쩍 냈던 적이 있었다. 돈을 좇았다가 결국에는 돈을 좇았던 시간의 3배 정도 되는 시간을 힘들게 지냈다. 매우 힘들었던 만큼 많이 배웠다. 삶에 대해, 투자에 대해, 돈에 대해.

 일단 투자할 물건을 충분히 고려해 선정하고, 그 투자 상품이 내가 예상한 바와 달리 움직일 경우의 대책도 마련해둬야 한다. 나는 그것이 부족했다. 은근히 요행을 바랐고, '일단 해보고 안 되면 무슨 수가 있겠지. 안 될 리가 있겠어?'라는 생각이 나를 지배했다. 중요한 것은 어차피 대책을 궁리했다고 해도 대책이 없었을 것이다. 그러니 운에만 맡길 수밖에 없었다. 배움을 얻기 위해 여지없이 일이 생겼고, 운은 요행을 바란 나에게서 떠나갔다.

1년 이상을 이자와 관리비를 부담하기 위해 돈을 벌었다. 게다가 부동산 경기까지 안 좋아졌을 때는 안 좋은 물건들이 2~3개가 있어서 돈이 물 새듯 줄줄 새어 나갔다. 돈에 대한 집착은 더 커져서 정신없이 더 돈을 좇게 됐다. 어쩌면 돈을 지불하며 제대로 공부를 했다고 생각한다. 이것이 진정한 부자가 되는 과정이 아닐까 하는 생각도 했다.

내가 부족한 것을 느끼고 나서부터는 조금씩 일이 풀리기 시작했고, 끝도 없을 것 같았던 터널을 조금씩 빠져나오고 있었다. 나를 믿어줬던 고객들이 잊지 않고 찾아와줬고 투자 물건을 의뢰했다. 나는 성심성의를 다해 맞춤형 투자 상품을 만들어냈다. 나에게도 공부가 되는 시간이었다.

투자를 위한 중개를 해드렸던 기억에 남는 사례가 있다. 토지 보상을 받으신 어르신이 있었다. 보상받은 돈을 쥐고 있으면 조각조각 자식들에게 나눠질 것이고, 그러고 나면 용돈을 받아서 쓰기도 불편한 일이니 꼬박꼬박 월세가 잘 나오는 물건을 부탁하셨다. 어르신에게 재활병원으로 임대가 맞춰진 상가를 권해드렸다. 전체 건물이 재활병원이었지만, 어르신에게는 병원의 일부를 분양해드린 것이다. 어르신은 대출 없이 매입하셨다. 이런 투자 물건의 단점이 처음 구분이 되어 있을 때는 대출이 가능하지만, 병원으로 쓰기 위해 구분되어 있던 칸막이를 제거하면 매매하고자 할 때는 대출이 불가하다는 것이다. 구분이 안 되어 있어 감정평가가 불가능해서다.

어르신은 추후 매매하실 계획은 없다고는 하셨지만, 대출 불가에 관한 내용은 충분히 이해시켜 드렸기 때문에 순조롭게 일이 진행됐다. 현재 매달 하루도 늦지 않고 월세가 들어오니 아주 흡족해하시면서 사모님과 여유로운 생활을 하고 계신다.

또 다른 투자 손님은 25년 된 아파트가 전 재산이라고 하셨다. 대출도 약간 있었다. 애들은 컸는데 지금껏 뭘 하고 살았나 싶다고 하시면서 좀 무리해서라도 할 수 있는 게 없겠느냐는 문의를 하셨다. 나는 여쭈었다. 약 6개월 정도를 원룸의 월세방에서 가족 모두 지내실 수 있겠는지. 잠시 머뭇거리셨지만 그렇게 하면 할 만한 게 있는지 굉장히 궁금해하셨다.

당시에는 이주자택지들이 마이너스 프리미엄으로 나온 것들도 있을 만큼 택지 분양이 순조롭지 못했다. LH가 보유하고 있는 택지도 상당히 많았지만, 택지를 받고도 지불 능력이 없어 대출 이자가 연체되거나 건물을 지을 여력이 없어서 팔기를 원하는 원주민의 택지도 꽤 있었던 터였다.

손님은 그중 가장 마음에 드는 택지를 대출받아 매입했다. 물론 아파트는 매도했고 그 돈으로 택지비 일부와 원룸형 오피스텔 월세 보증금, 건축비의 일부를 충당하기로 하고 일은 시작됐다. 본래 건축비는 건축 진행 과정에 따라 지불하기로 약정한다. 그러나 고객은 본인의 형편을 잘 어필해서 건축비를 좀 줄이기도 했지만, 준공 후 임대를 놓아 건축비를 완납하기로 약정하셨다. 상가주택은 건축 기간이 약 6개월 정도 걸리기 때문에 네 식구가 원룸형 오피스텔에서 그 기간에 불편함을 이겨내며 지내셨다. 물론 짐의 일부는 부모님 집에 맡기셨는데, 부모님 집이 여의치 않았다면 이삿짐센터에라도 보관하실 의향이 있었다.

그렇게 1년 중 반이 지나갔고 계획대로 집은 예쁘게 잘 지어지고 있었다. 나 역시 집이 지어지는 동안 열심히 세를 놓아 어려움 없이 건축비를 지불하실 수 있도록 했다. 준공 후 4층 전체, 테라스가 있는 앞이 탁 트인 별장 같은 집에 입주를 하셨고, 1층에는 미적 감각과 분위기를 갖추셨던 사모님이 커피숍을 직접 운영하시면서 건물은 아늑한 분위기를 풍겼다. 한참 부동산 경기가 좋을 때 파시고 이사를 하셔서 지금은 연락이 끊겼지만, 아주 성공적인 투자 사례였다.

호랑이를 잡으려면 호랑이 굴에 들어가야 한다는 옛말이 있다. 하지만 내가 들어가는 굴에 호랑이가 없다면 괜히 들어간 것일까? 호랑이가 없는 굴에 호랑이를 잡기 위해 들어갔다면 있을 거라고 판단했던 지점의 문제점을 파악해야 한다. 만약 호랑이가 있었다면 그 호랑이를 잡지 못했던 이유 또한 파악할 수 있다. 이것이 경험이다. 투자는 이와 같다. 확신을 갖고 시작했지만 투자에 성공하지 못했다고 해도 어떤 부분에서 잘못된 판단을 했는지 이유를 알 수 있다. 이는 투자라는 굴에 들어가봐야 알 수 있는 것이다.

생각해보면, 경제적인 어려움을 극복하고 어느 정도의 안정적인 생활을 갖게 한 것은 공인중개사라는 직업이었다. 이 선택이 나의 최대 성공 투자가 아니었나 하는 생각이 든다.

부의 시작!
수익형 부동산 투자

제1판 1쇄 2025년 9월 10일

지은이 서은영
펴낸이 한성주
펴낸곳 ㈜두드림미디어
책임편집 배성분
디자인 노경녀(nkn3383@naver.com)

㈜두드림미디어
등 록 2015년 3월 25일(제2022-000009호)
주 소 서울시 강서구 공항대로 219, 620호, 621호
전 화 02)333-3577
팩 스 02)6455-3477
이메일 dodreamedia@naver.com(원고 투고 및 출판 관련 문의)
카 페 https://cafe.naver.com/dodreamedia

ISBN 979-11-94223-87-0 (03320)

책 내용에 관한 궁금증은 표지 앞날개에 있는 저자의 이메일이나
저자의 각종 SNS 연락처로 문의해주시길 바랍니다.

책값은 뒤표지에 있습니다.
파본은 구입하신 서점에서 교환해드립니다.